Juristische Methodenlehre

法解釈学入門

ヘルムート・コーイング
Helmut Coing

松尾 弘 訳
Hiroshi Matsuo

Coing, Helmut: Juristische Methodenlehre
© Walter de Gruyter GmbH Berlin Boston. All rights reserved.
This work may not be translated or copied in whole or part without the written permission of the publisher
(Walter De Gruyter GmbH, Genthiner Straße 13, 10785 Berlin, Germany).
Japanese translation rights arranged with
Walter de Gruyter GmbH, Berlin through Tuttle-Mori Agency, Inc., Tokyo

はじめに——訳者による序論

> 科学的方法をもってする認識を，一般的な命題で表すと，**一切の認識は解釈**［Auslegung］**である**，ということになる。私たちは，あらゆる存在を**意味すること**として捉える……。私たちが**存在**について語る限り，私たちはそれを**語られたもの**の意味として捉える。したがって，私たちが可知性の平地において捉えたものは，最初言語において出会うものである。……存在は，それが他者を指示することによってのみ，その都度規定される。存在は，それが意味する関係において，私たちにとって存在する。……私たちがつねに知るものは，たんに存在の中へ差し込む『**解釈すること**』という光錐であるか，あるいは解釈可能性の把握であるかに過ぎないのである。
> ——K・ヤスパース［Karl Jaspers, 1883-1969］/ 草薙正夫訳『哲学入門』(新潮文庫, 1954) 116-118 頁〔ゴチックによる強調は引用者による〕

本書は，ヘルムート・コーイング『法律学方法論』(*Helmut Coing, Juristische Methodenlehre, Walter de Gruyter, 1972*) の全訳である。それは元々，同著『法哲学綱要』(*Helmut Coing, Grundzüge der Rechtsphilosophie, 2. Auflage, 1969, Walter de Gruyter*) の第Ⅵ章「法律学的思考」(Die Juristische Denken: 同書 295-350 頁) に当たる。この部分を抜き出し，新たに「序言」を付して独立の著作としたものが本書である。その経緯と目的については，コーイングが自ら「序言」で紹介している[i]。そこで明らかにされているように，本書は法学入門を展開するための原点となるような法律学の主要類型の基本的立場を明らかにすることを企図したものである。実際，本書は，法律学に特有の思考方法について，法律学の歴史的発展と理論的展開の両面から，要点を押さえ，かつ丁寧に解説している。それは，**法律学的思考のエッセンス**を示したものといえる。

なお，本書では，法学を表す言葉として „Jurisprudenz" と „Rechts-wissenschaft" が用いられている。本訳書では „Jurisprudenz" には法解釈学を中心とする狭義の法学として「**法律学**」の訳語を用い，„Rechtswissenschaft" は法制史学，比較法学，法社会学などの他の法分科も含む広義のものとして「**法学**」と表記した。また，„juristisch" は「法律学的」または「法律家の」，„rechtswissenshaft-lich" は「法学的」，„rechtlich" は「法的」と訳出した[ii]。

本書の特色は，第 1 に，この比較的短い書物の中で，ローマ時代の法律学，中世のスコラ学的法律学，フランスの法律学，ドイツの法律学，英米の法律学という，**法律学の主要類型とその歴史的発展経緯**について，簡にして要を得た知識を獲得できることである (本訳書Ⅰ章・Ⅱ章)。それは法学の基礎知識中の基礎知識といえる。

本書の第 2 の特色は，法学の理論の中心課題である**法の解釈と適用**について，とくに手厚い記述をしていることである。その際には，法学をいったん離れ，

より広く**解釈学＝ヘルメノイティーク**（Hermeneutik: 言語的に固定された精神的成果物であるテクストの正しい解釈方法についての理論）の一般原理に遡り，解釈方法を，①テクスト自体の**客観的意味**の解釈，②統一性をもったものとしてのテクストの解釈，③テクストの**発生学的起源**に遡った解釈，④テクストの彼方に存在する**実質関係**を考慮に入れた解釈，および⑤**類似のテクスト**の比較に基づく解釈という5つの基本類型に整理する（本訳書Ⅲ章1節）。そのうえで，それを法学に当てはめ，①法規の**文言の客観的意味**に従った解釈，②法規を断片ではなくて**統一性をもった全体**として考慮した解釈，③立法者が解決しようとした問題など，法規の成立を規定した**歴史的要素の全体**を考慮に入れた歴史学的解釈，④法規の背後に存在する**実質的人間関係の合目的的なあり方を指導する法の根拠**を考慮に入れた技術的解釈，および⑤**比較法の視点を考慮に入れた解釈**という**5つの法解釈方法**の妥当性を確認している（本訳書Ⅲ章2節）。ついで，法の解釈が目的とする**法の適用**について，その主要な実践者である裁判官の活動の実質を考察している（本訳書Ⅳ章）。そしてとくに**事案に適用すべき法が欠けている場合**における法の解釈・適用の方法を考察し，**裁判官による法形成の内実**および**立法との境界線**を模索している（本訳書Ⅴ章）。

　本書の特色として，第3に，法学の歴史的発展のアウトラインと理論的中心問題の展開を確認することを通じて，**法とは何か，法をどのようにして認識できるか，法の体系はどのように捉えることができるか**という，法学を志す者が最初にぶつかる最も基本的な問題に立ち返っている（本訳書Ⅵ章）。

　このような特色をもつ本書は，法学への最良の入門書の1つであるといってよいであろう。コーイングは自ら「序言」の末尾において，本書が「**学問分野としての法学の諸問題への最初の入門**」を提供するものであると述べている[iii]。本書の表題を『最初の法学入門』としたことの理由はここにある。本書は類書からは得がたい法学の基礎的知識について，簡潔ながらも密度の濃い情報を読者に提供するであろう[iv]。

　法の機能と本質をどのように捉えるべきかについて，コーイングは本書の「序言」でその基本的立場を明らかにしている。すなわち，──

「人間の文化的成果としての法は，共同体における可能な限り正当な平和秩序［eine möglichst gerechte Friedensordnung］を創造するという問題への解答として理解される」[v]。

　ここでは，法の機能が**共同体における可能な限り正当な平和秩序の創造**という実践にあることが確認されている。このことについては，大方の賛同が得られるであろう。そして，法が現実の問題解決を通じて秩序を創造するという**実践と不可分**であることは，法の本質に決定的な影響を与え，法そのもののあり方を規定することになる。すなわち，法が正当な平和秩序の創造という実践に

役立つためには，法を個々具体的な事案に当てはめることにより，実際に問題解決を行うことができなければならない。法を具体的な紛争事案に当てはめて問題解決を行うことが**法の適用**である。しかし，法を個別具体的な問題に適用するためには，その問題に最も相応しい法を探し出す必要がある。しかし，多様な個性をもつ，数限りない問題に相応しい法が，すぐに適用可能な形でつねに用意されているとは限らない。現実社会に起こる問題はきわめて多様であり，時には法が想定していなかったり，あるいは想定している問題と似て非なる問題が起こることも少なくない。その場合には，抽象的で一般的な文章になっている既存の法のテクストを，個々の事案に適用できるように言い換えたり，その意味を元のテクストの字義よりも広げたり，反対に絞ったり，あるいは他のテクストと関連づけて内容をアレンジするといった加工作業が必要になる。このように個々の問題事案に照らして，特定の法のテクストの意味を明らかにすることが**法の解釈**である。もとより，そうした加工作業には限界があり，それを越えると新たな立法になってしまう。したがって，法の解釈として，どのような方法で，どこまで，テクストの本来の意味を具体化できるかが，法解釈論の中心課題となる。もっとも，そうした法の解釈は，立法との境界領域に接し，新たな立法を準備するものにもなりうるのである。

こうして，抽象的で，一般的な内容の文章の形にとどまっている法のテクストは，**解釈**を通じてようやく具体的な意味が明らかになり，有用性を獲得し，実際の問題に適用することが可能になる。このように法は，それを実際に使う，つまり，適用するためには，解釈を必要とするものなのである。法を食べ物にたとえるならば，法はすぐに食べられる形には必ずしもなっておらず，個々の事案に相応しい形に料理する必要がある。このように**すぐには食べられない状態の法素材を料理して実際に食べられる状態にすること**が，法の解釈である。あるいは，**法を解釈し，適用可能にすることは無味乾燥な法に命を吹き込むことである**，ということもできるであろう。本書は，法の解釈方法をめぐる議論の歴史，主要な解釈方法，解釈の本質についての内容豊富な学問的蓄積を簡潔に解説するものである。

さらにいえば，**法の存在はその解釈を通じて初めて認識可能なものとなる**ということもできる。このことは突き詰めれば，私たちがおよそ存在というものを，語られたものが意味することとして捉えていることに帰着する[vi]。その結果，一切の学問的認識は，言語によって表現されたことの意味の解釈であることになる。ここにおいて，前述した**解釈学＝ヘルメノイティーク**（言語化されたテクストの正しい解釈方法についての一般理論）が成立する。法学もまた，言語によって表された法文＝テクストの「正しい」意味を明らかにするものとして解釈学の面をもつ。コーイングは，解釈学としての法学の特色を重視している。このことが，法学を論理学とも社会科学とも異なる**精神科学**［Geisteswissenschaft］として特徴づけるコーイングの理解に通じている[vii]。

精神科学という用語法は，歴史学，法学，経済学，政治学，社会学，人類学，文学，宗教学，美学，音楽，心理学，哲学等，人文科学を広く含むものとして，デュルタイ［Wilhelm Christian Ludwig Dilthey, 1833-1911］らによって用いられるようになった（本訳書46頁参照）。それは言葉・態度・施設・制度等によって表現された人間精神の創出物の意味を，歴史的現実として理解する［verstehen］方法を探求するものである。それは歴史的に「現象」として現れた言葉等の「解釈」を通じて，その背後にある存在の理解に迫ろうとするものである。法の認識もまた，解釈学としての法学を通じて行われ，それによって初めて法の存在について理解し，語ることができるようになるとすれば，私たちの法の認識は，法学の思考枠組みを用いて行われる**法学的認識**にほかならず，法の存在は法学によって可能になり，法の体系は法学の体系によって理解可能になる。

法が法学によって存在する，というと，些か極端な言い方にも聞こえるであろう。しかし，私たちが具体的事案に直面し，問題解決を求められたとき，法学によって形づくられた法学的思考枠組みを通して初めて法を認識し，問題解決をしており，そうした経験を蓄積することによって初めて法の存在を実感することができるという現実を振り返るとき，法と法学の関係がより近いものに感じられるであろう。本訳書を通じて，**法学が重要である**，ということについての認識がより広く共有され，深まることを願うものである。

本訳書の出版に際しては，岡田智武さん（慶應義塾大学出版会）の強力かつ継続的なご支援とご教示をいただいた。また，訳文のチェック，参考文献表の作成については，杉田彩子さん（慶應義塾大学大学院法学研究科後期博士課程）の助力を得た。さらに，校正，その他の取りまとめに際しては，深沢瞳さん（慶應義塾大学大学院法務研究科修了）の協力を得た。記して謝意を表する次第である。

2016年5月3日　鎌倉常盤台にて

　　　　　　　　　　　　　　　　　　　　　　　　　松　尾　　弘

---

i 後掲「序言」冒頭を参照せよ。なお，コーイング『法哲学綱要』は改訂され，1993年に第5版が刊行されているが，注の記述への若干の付加等を除き，第VI章〔第5版243-298頁〕の内容に実質的な変更はない。加えられた若干の変更点については，本訳書の注に付記した。
ii その他，基本用語の訳語については，巻末の【基本用語訳語一覧】を参照せよ。
iii *Coing,* Juristische Methodenlehere, S. 5〔本訳書4頁〕。
iv なお，本書で取り上げた問題に関する主要な欧文文献および日本語文献に関しては，巻末の【参考文献】欄を参照せよ。
v *Coing,* Juristische Methodenlehere, S. 3〔本訳書1頁〕。
vi K・ヤスパース／草薙正夫訳『哲学入門』（新潮文庫，1954）116-118頁〔本訳書i頁に引用〕を参照せよ。
vii *Coing,* Juristische Methodenlehere, S. 3-4〔本訳書2-3頁〕。

目　次

はじめに——訳者による序論　(i)
凡　例　(vi)

序　言　1

I　基本的な事柄　5

II　法律学的思考の歴史学上の諸類型　13
1. ローマの法律家　15
2. スコラ学的法学　18
3. ドイツのパンデクテン法学　20
4. フランスにおける註釈学派　25
5. 英米の法律家の思考について　27

III　法典の解釈　41
1. 一般的な解釈学の諸原則　42
2. 法律学的解釈の諸原則　47

IV　法規の適用　63
1. 解釈と適用の関係　64
2. 包摂としての法規適用　65
3. このような見解に対する批判　66
4. 裁判官と法規　70

V 裁判官による法の継続形成　79

1. 歴史学的な事柄　80
2. 裁判官の三重の課題　81
3. 欠缺問題と法律学的論理学　82
4. 裁判官による欠缺の解決　87
5. 総　括　90

VI 法　学　95

1. 思考方法としての体系　96
2. 法律学的体系について　99
3. 法学の方法　105
4. 法学の学問的特色　108

おわりに——訳者による小括と展望　(113)
参考文献　(116)
基本用語訳語一覧　(126)
学説彙纂　(127)
人名・事項索引　(129)

凡　例

1. （　）は原文のものである。
2. 〔　〕は訳者による補充を指す。
3. ［　］は原語の付記である。
4. 傍点は原文イタリックの部分である。
5. **ゴチック**による強調は、訳者が付したものである。
6. 本文中のローマ数字〔Ⅰ，Ⅱ，…〕およびアラビア数字〔1，2，…〕に続く小見出しは、原文には存在しないが、コーイング『法哲学綱要（第2版）』(1969年)の目次に付された小見出し（第5版・1993年でも同じ）を付したものである。
7. 本訳書の欄外に付された数字［S. */ S. **］は、それぞれ本書（原典）および『法哲学綱要（第5版）』(1993年)の頁数である。

序　言

　法学［Rechtswissenschaft］の問題と方法への入門である私の 法哲学〔『法哲学綱要』〕の第6章を抜き出して一書に取りまとめることは，出版社の希望に遡る。そのことは私には実行すべきであるように思われた。なぜなら，同章はある意味で完結しており，それ自体として理解可能だからである。法哲学ならびに同章で提示される法学の諸問題への入門までもがそこから展開されてきた〔法律学の主要類型の〕基本的立場を特徴づけることは，私にとって目的に適っているように思われた。 [S. 3/ S. i]

　この立場は，簡潔につぎのように特徴づけることができる。それは，**人間の文化的成果としての法は，共同体における可能な限り正当な平和秩序を創造するという問題への解答として理解される**，というものである。ある特定の時代における法秩序の形成においては，**非常に様々な人間の力が作用している**。すなわち，**倫理学的価値観念および権力への意思ならびに支配的集団がその経済的・政治的利益を守ろうとする意図**である。価値判断に関しては，私は，私の法哲学〔『法哲学綱要』〕において，以下の2つの命題を提示した。

　I．**倫理学**［die Ethik］は**人間の精神生活の固有の領域**である。すなわち，倫理的な諸々の評価［die sittliche Wertungen］は，生活の全体的関連性から解放されることが許されないものであるが，それは単純に人間のその他の様々な能力の表現として把握

することはできないし，そのような様々な能力に「矮小化」することは許されず，また，単純に社会的な所与の産物とみなすこともできない。

2. 人間の行動にとって倫理学上の諸々の価値［ethische Werte］がもつ意義を，一定の限界の中で明確に分かりやすく言い換えること，そして，そのような明確化を一定の範囲において歴史を超えても当てはまるようにさせることは可能である。この関連においては，例えば，「法的紛争においては両当事者の話を聞くことが正しい」という命題が逆戻りを許さないものである。

このような見方は，法学を実践的な目的に奉仕する，望まれるのであれば**「応用」精神科学**［„angewandte" Geisteswissenschaft］として把握するという帰結に通じている。方法論に関しては，法学は，それがとりわけ歴史学的な精神科学の中で発展させられたように，自らが取り組まなければならないテクストを理解するために，**解釈学的な諸々の方法**［hermeneutische Methoden］を放棄することができない，という要求に通じている。すなわち，法の中に〔現象として〕現れている一定の倫理学的な諸々の概念の内容を明確にする必要があるときには，法学はいずれにしても一定の範囲において**現象学的方法**［die phänomenologische Methode］〔倫理学上の価値や規範の存在に対するあらゆる先入観を排し，現象の世界において言語化されたテクストの解釈を通じて，一定の倫理学的概念に相当する価値や規範の存在を認識し，理解しようとする方法〕をも用いなければならないという要求である。

法学は規範の理解および適用に関わるものであることから，私の見解によれば，法学を〔経済学や政治学と〕十把一絡げにして社会科学と呼ぶことは，間違っている。といっても，それに

よって法学の誤った精神化 [Spiritualisierung] を擁護するものではない。つまり，そのようにいうからといって，法がより広い学問区分においては経済的な要件と関わりをもっているということ，そして，法規範の成立に際しては，政治的ならびに経済的な利益にしばしば決定的な役割が帰属しているということは，否定されていない。すなわち，これらの諸々の関連を解明することは，まさに精神科学的方法の適用の課題なのである。これは，あらゆる点で歴史的な利益分析を含んでいる。このような関連を利益法学の創始者であるヘック [Philipp von Heck, 1858-1943] ほど明白に考察した者はいない。また，ここで提示された精神科学的考察は，現代論理学の方法を法学に適用する努力に対立するものでもない。というのも，論理学が正しい解決のための原則を提供し，現代論理学が様々な言明 [Aussagen] と推論 [Schlüsse] のために確立された記号法を用いる場合には，このような〔現代論理学の〕方法の適用は，それに先立って，**発達した言語という手段を用いて定式化された法律学的な諸々の規範が，それらの意味について理解され，現に用いられている言葉が，それに基づきその意義について，可能な限り明確に確定されている**，ということを前提にしているからである。すなわち，所与のテクストについての精神科学的加工が，論理学的方法の適用に先行しなければならないということである。その後で，現代的形態における「法律学的論理学」が，その意味に従って確認された規範が一定の帰結を承認するか否かを確認するのである[1]。

規範それ自体を発達した言語から解放することが将来可能になるかどうかについて，私は判断することができない。いずれにしても，私には，規範が発達した言語において定式化される限り，両者〔精神科学および論理学〕の方法の協働が不可欠の

ものであるように思われる。どのような場合でも，現代論理学を法律学に当てはめるという現代の努力を，19世紀の概念法学の再開であると誤解することは許されない。もっとも，これ〔現代論理学〕は精神科学の方法とは一致しないであろう。なぜならば，それ〔現代論理学〕は法を一般的に妥当する，既存の諸々の概念の体系を用いて把握しようと試みたのであり，法に含まれている，**歴史的にのみ理解されうる価値判断および権力〔者の〕（または利益）判断**の研究を拒絶しているからである。

このような基礎的理解に立脚して，以下の諸節〔本訳書Ⅰ章～Ⅵ章〕は，学問分野としての法学の諸問題への**最初の**入門を提供しようと試みるものである。

序言・注

1 このことについては，とくに優れたものとして，*Klug*, Juristische Logik (2. Aufl., §§ 1-3) を参照せよ。

I

基本的な事柄

[S. 7/ S. 243] 法律学的思考と哲学的思考の批判的な対比において，カント [Innmanuel Kant, 1724-1804] は，やや後見人めいた立場から，法律学者 [Rechtsgelehrte] についてつぎのように述べている。「何が法＝正しいことである〔と認められている〕か [Was Rechtens sei]」(quid sit iuris?)，すなわち，諸々の法規 [die Gesetze] がある一定の場所に関しておよびある一定の時期について述べていることまたは述べたことを，法律学者はおそらくさらに述べることができる。……」。これは軽蔑的な意味をもっている。なぜならば，カントがさらに続けて述べているように，その際には，「総じて何を手がかりにして法＝正しいこと [Recht] ならびに不法＝正しくないこと [Unrecht] (iustum et iniustum) が認識されうるのか」ということに対する指標が，法律家 [Jurist] にとっては隠されたままになっているからである[1]。しかし，この指摘は，とりわけ，「何が法＝正しいことである〔と認められている〕か [Was Rechtens sei?]」という質問形式に対し，さらに「**何がある特定の事案において法＝正しいことである〔と認められている〕か**」〔という質問形式〕が付け加えられる場合には，法律家の任務を正しく特徴づけている。というのも，法律が述べていることが法律家の興味をひく理由は，法律家は特定の諸事案を顧慮して何が法であるか [was Recht ist] ということについての案内をしなければならないからである。この〔何が法であるかという〕問いに対し，裁判官は判決を下す際に権威的 [authoritative] に解答する。しかしまた，弁護士が顧客に助言を与える際に，または行政官僚が命令を発しようとする際にも，同様にその問いを自らに課さなければならない。つまり，「**解答すること**」[Das "Respondere"] が**法律家の主要な任務**なのである。この主要な任務が，法律家の思考をま

さにそれに固有のものとして形づくったのである。

　この主要な任務が唯一の任務ではないことは明らかである。それと並んで，昔から，法的な証明書および諸々の規制の起草という任務が存在する。すなわち，ローマ法律学のいう〔将来起こりうる事態に備えて〕「**用心すること**」［Das "Cavere"］である。たしかに，この活動もまた法律学的な思考をともに形づくったのであり，そのことには諸々の規制についての明確で矛盾のない定式化が期待された。しかしながら，法律家の思考様式と方法は，第１次的には，個々の法律問題に対する**判断**［Beurteilung］によって規定されているのである。

　法律家は自らが判断すべき個々の具体的事案を，多かれ少なかれ抽象的に把握され，それに基づいて実定法秩序が存立する諸々の原則と関連づけなければならない。**原則**［Regel］と**事案**［Fall］は**法律家の思考の両端**をなすものである。法律家の熟考〔プロセス〕は，事案から原則へ，また原則から事案へと推移するものであり，その際に両者を比較し，分析し，考量するのである。事案は，もしかすると適用される可能性があり，裁判を規定することのできる原則に照らして分析される。反対に，原則は，一定の事案または事案群に照らして解釈される。法律学的思考は，その限りで，**判断すること**［Urteilen］である。法律学の活動は，〔第１に〕**判断力の行使**なのである。

　このような原則の事案に対する関係をつくり出すために，当然のことながら，原則の内容が正確に確認されなければならない。原則を正しく適用するためには，つまり，原則がそのために定立された様々な事案に適用されるためには，その原則を理解し，それが何を意味するかを知らなければならない。それゆえに，法律学的思考においては，法律学的原則の**解釈**

［Auslegung］に重要な役割が（たとえ最終的には準備的な役割にすぎないとしても）帰属する。そして，法律学［Jurisprudenz］は，その限りにおいて，解釈的学問［die interpretierende Wissenschaften］に属するものである。

ここでは，法律学的思考と，**あるテクストの理解に通じる諸々の方法に関する一般的理論**としての**解釈学**［Hermeneutik］との関連性が示唆されている。というのも，あるテクストの解釈に際してごく一般的に現れる様々な問題，例えば，〔テクストの〕全体的な関連性についての正当な顧慮，またはテクストがその下で成立した諸々の状況の考慮は，当然のことながら，法的な原則の理解が問題になる場合にも成り立つものである。特定の法律学がそのテクストの解釈において適用する方法は，その方法がその際に承認または放棄する様々な視点をその法律学の文化史的な特色の一部とするものである。このような視点からみると，例えば，19世紀ドイツのパンデクテン法学は，私たちの現代における評価的な利益法学とは区別される。そのようにして，判断力の行使と並んで，法律学的思考の**第2の要素**として，**法律学的解釈学**［die juristische Hermeneutik］が現れる。

カントは本書の冒頭に引用した言葉の中で，「何が法＝正しいことである〔と認められている〕か」という問いに対し，法律家は現行法に基づいて解答しうると述べている。そのことは幸運にも，大抵の事案においてはそうである。しかしながら，けっしてつねにそうであるわけではない。それは，〔法律家の〕気質について，一方では嘆かれ，他方では称賛されることであるが，しかしいずれにしても，従来のあらゆる経験に照らして否定することができないのは，**「法における欠缺」**という**現象**が**存在する**ということである。換言すれば，それらに関して既存

の法秩序が適切な原則［passende Regel］を含んでいないような様々な事案が存在するのである。その場合，法律家には，〔法によって〕規制されていない事案を解決することを許すような原則をまずは発展させるという課題が生じる。これは法律家の**第3の**，多くの人々によれば，**最大の任務**である。すなわち，**新たな原則の形成によって法を発展させ続けることである**。

　これら諸々の課題を解決するためには，できる限り確実で，かつ事後的審査が可能な方法を発展させることが，法にとって特別重要な意味をもつ。ここでは学問的な質，つまり，法律学的思考の「清潔さ［Sauberkeit］」が問題であるにとどまらない。むしろ，法それ自体の基本的な機能との直接的関係もまた存在する。その際には，正義への拘束という問題をまず最初に考える必要はまったくない。ここで述べられた〔法それ自体の機能との直接的な〕関係は，むしろ，平和，安全ならびに平等を保障するという課題からすでに生じている。**法的な規範**［Die rechtliche Norm］は，しばしば**世界観的または利益適合的に条件づけられた政治的論争の帰結**である。それと類似しているが，契約は多かれ少なかれ「骨の折れる」交渉の帰結である。規範はこの争いに終止符を打つべきものであり，――たとえおそらくは当面のものにすぎないかもしれないとしても――論争を終結させるべきものである。しかし，そのためには，**規範は今や，可能な限りそれ自体に基づいて理解され，解釈され，そして，その適用および解釈において再び政治的決定の対象にされることがない**，ということが重要である。すべての法律学的解釈は，結局のところはやはり，意思決定とそれによる政治であるといわれてきた。しかし，このことは私には，平和的秩序としての法の機能についての根本的な誤解であるように思われる。**まさに法的規**

制が政治的または経済的闘争に由来するものであるがゆえに，そしてそうである場合にこそ，法的規制はその闘争に終止符を打つべきものなのである。すなわち，いったん達成され，かつ受け入れられた秩序こそが今や妥当すべきである。このような法の機能は，法的規制を実務に適用しなければならない法律家が，**可能な限り合理的な方法を用いて規範の意義を浮き彫りにし，妥当させること**を要求する。このような努力は限界に突き当たる。しかし，そうであるからといって，そうした努力が無意味なものとして拒絶されてはならない。法律家は，法に奉仕し，その決定を実行し，そして自分自身の決定を〔法に〕置き換えない，ということを試みなければならない。しかし，法律家がそれをすることができるのは，**その思考を方法的な諸原則に服させる場合だけ**である。ここでもまた——倫理学におけるのと類似して——合理的で方法的な手続をとる試みを，それが可能である限りは行い，早すぎる時期に中断しないことが肝要である。なぜならば，法律家はすべての事案において成果を得ることはできないからである。

　どのようにして法律学的思考がこの課題を解決することができるのか，また解決すべきものとされているかを詳細に叙述することが，以下の説明の課題となるであろう（Ⅳ章〜Ⅴ章を参照せよ）。しかし，それに先立ち，いずれにしてもいくつかの具体例に関して，私たちが進むことを試みなければならなかった道がどれほど異なっているか，そして，今日の議論が，とりわけドイツ法の領域において，どのような点に関して存在しているかを明らかにしなければならない。

I 基本的な事柄・注

[1] *Kant*, Metaphysik der Sitten (1797) Einleitung in die Rechtslehre (Inselausgabe von Weischedel) IV, S. 336.

II 法律学的思考の歴史学上の諸類型

[S. 10/ S. 246] 　**整**理された法思想史はいまだに書かれていない¹。同様に法学の一般史もほとんど存在しない²。このことは，法律学的思考に関して一般的に述べることをきわめて困難なものにする。どの著者も無意識的にその者自身の法体系のカテゴリーの中で思考しており，自分自身に固有の思考方法の外に存在する，または他の様々な文化の中に存在したその他の思考方法を見逃している。これら他国の様々な体系についての包括的な分析を私たちがまだもっていないということは，批判を，そして自分たちに固有の経験の相対化を困難にしている。

　それでもなお，私たちの，つまり，ここではとりわけヨーロッパ大陸における法典化された法に関して，方法的問題がどのようなものであるか，ということに叙述が向かう前に，少なくともいくつかの他の法律学的思考方法に言及するということが試みられるべきである。それはある意味では「**用心せよ**」（"Caveat"）ということである。それは〔用心せよとは〕，方法的な問題が，——目標設定における，そして例えば〔法の〕欠缺問題のような基本問題における完全な一致にもかかわらず——，異なる時代と体系に関して個別的にみると，どれほど異なった形で現れるか，ということを思い起こさせるべきである。

　というのも，当然のことながら，ある特定の時代の法律学が用いていた技術ないし方法は，数多くの法的所与および法以外の所与によって条件づけられているからである。法的所与の様々な要素に関しては，現存する法の特色，すなわち，**実定法の法源の特色**が非常に重要である。〔体系的な〕**法典編纂が存在するか**，あるいは**分散した立法のみが存在するか**により，諸問題が異なった形で横たわっている。法以外の所与を構成する諸々の事実に関しては，**政治的体制，政治的中央権力との関係における**

司法の地位に重要な意味がある。しかしまた，ちょうどそのようにして，**ある時代の学問的方法**もまた法律学的思考スタイルを形づくる。すなわち，法学は，スコラ学の時代においては，哲学的な実証主義の影響の下におけるそれとは異なったものにみえる。

　このことを明らかにするためには，いくつかの重要な時代を照らし出す何本かの強い光を当てることで十分かもしれない。私は，自らの知見の限られた状態に応じて，つぎのものを選び出すことにする。すなわち，古典期ローマ法学，中世におけるローマ法の適用 —— カントロヴィッツ［Hermann Kantorowicz, 1877-1940］が「スコラ学的法学」と特徴づけたもの ——，パンデクテン法学の体系学，およびフランスにおける法典の「註釈学派」の古典的見解である。ついで，英米法的な法思考に対するいくつかの指摘が続くことになる。

1. ローマの法律家

[S. 11/ S. 247]

　古典期ローマ法学は，多くの点において，とりわけ私法において，もはや1つの枠組み以上のものを提供することのなかった法秩序の下で発達した。立法は，共和政期においても，また元首政期においても，非常に特殊な個々の素材に限定されていた。例えば，**法務官法**はすでに，——ちょうどイギリスにおけるエクイティがより古いコモン・ローに対してもつ関係に似て —— 補充的な法秩序にすぎなかったがゆえに，完全なものではなかった。それは「**市民法**を助けるために，もしくは補うために，または修正するために与えられるという形で」創

造された³。それを超えては法務官法は実体的な法命題の形では蓄積されなかった。法務官の告示——その中に法務官法が含まれていた——は，大抵の場合はむしろ訴訟を遂行するための一定の要件および方式に対して訴権を与えることに基づいて成り立っていた。それゆえに特定の素材——例えば，契約の履行および給付障害に関する諸原則——が欠けていただけではなく，例えば，売買契約におけるように，告示が訴訟の方式を提示した場合には，しばしばこの方式は実際に適用するためには充塡〔補充〕を必要とした，１つの枠組みにすぎなかったのである。

　それによって与えられた課題を判例は解決することができなかった。なぜなら，判例は古典期においては陪審によって，それゆえに自分たちの評決を理由づけることのなかった素人によって通常は運営されたからである。**皇帝の諮問会議**［das kaizerliche Consilium］が徐々に発展してきたことによってようやく，帝国の最上級審裁判所のために，**職業裁判官が任命された裁判所**が成立した。それゆえに法律家の影響は「**解答**」［Responsum］という別の形態において現れたのである。ある当事者によって法律家に鑑定を求められた特定の法律問題に関して，後になっておそらく通常は文書で付与された報告が重要である。解答は，紛争事案においては，その後裁判所に提示された。〔その際には〕解答は，通常は質問されたことについての法的見解のみを，しかも最も簡潔な形態で伝えるものであった。通常は訴えが認められるか否かについてのみ見解が述べられた。法律家たちは彼らが根拠づけを断念したということに対して賞賛された⁴。解答の権威は，この時代にはつねにローマの上流階級に属した法律家の個人的名声に基づいている。したがって，そのような法律家がその解答を真実かつ正しいとみなしている，

ということを確認することで十分である⁵。**諸々の解答**は，その成立〔の仕方〕に対応して，それが具体的な諸々の事案から成長するように，**つねに個別問題に関係する**ものである。それゆえに，ローマの法学はまず最初に，自由な議論において発見され，展開される詳細な数々の判断の汲めども尽きない源泉として現われた。この源泉から，ようやく後の時代〔の法律家たち〕が**諸原理**［Prinzipien, regulae］を発展させた。古典期に関しては，個別の判断が前面に出ている。「法が原理から導き出されるのではなく，存在する法から原理が生まれるのである」［Non ex regula ius sumatur, sed ex iure quod est regula fiat (*Paulus*, Digesta 50.17.1)］〔巻末【学説彙纂】参照〕という命題が妥当する。それに応じて，解答，および素材に従って広くその解答に基づいている注釈の集成が，古典期におけるローマ人の法律文献の主要部分を構成する。ローマの法律家たちは，彼らの帰結に通じた思考過程を，通常は私たちに伝えないにもかかわらず，彼らの法的思考を導いた諸々の視点と原則が当然存在した。個別的には，ここでは明らかにまだ多くのことが不確かであり，争われている。〔しかしながら〕言語上の様々な視点がたしかに重要な役割を果たした。ローマ法の発展において重要な役割を果たした言語形式主義がすでにそのことを示唆している。古典期の法律家は**ギリシアの言語理論**，文法の諸原則を，しかしまた，例えば，**語源学**の帰結をも利用している。古典期の法律家はさらに，とりわけ**プラトンの論理学**に関連して発展させられた**ギリシアの学問理論**の方法を利用している。それはすなわち，**主導的な概念**の確定，そのような概念に含まれた**種ならびに亜種**（genera, species）の区別，およびこのことによる法的素材の概念的な浸透である⁶。

とりわけ，**ガイウスの教科書**（紀元約160年）は，このような技術の使用に基づいている。この教科書は教育目的のために形づくられた私法体系を提示したものであり，それは1500年以上にわたって法律学的体系学の決定に参画したのである。〔そこには〕法哲学理論の影響は少ないものの，古代の**弁論術**（Rhetorik）の理論がどのような意味をもったのかが，大いに争われている[7]。

2. スコラ学的法学

中世の法学は，大学における学科であった。スコラ学を教授した大学における授業およびその実施方法が，法学のスタイルを根底から形づくった。中世の学問が概してそうであったように，法学はまず第１に，——他の学科におけるように——古典に由来する**権威的な書物の支配**を伝えている。すなわち，立法学においては，**ローマ法大全**が支配している。そこでは，ユスティニアヌスの立法が主要部分を構成している。**教会法**においても同様に，まず第１に，後期古典時代の教会の法源を編集した**グラティアヌスの教令**［Decretum］（1140年頃）が支配している。その後においては，教皇たちの教令集が支配している。ところが同時代の法源は，授業においては役に立っていない。実務においては，そうした法源はもちろん尊重されたのであるが，大学が教授した普遍的な法，つまり**普通法**［Ius Commune］に組み込まれ，それに基づいて説明されたのである。

中世の法学は徹底して個別法文を志向しており，そして，そのことはローマ時代の法集成の特色に照らして，そして教令の

集成もまた個々の判断を含んでいるという状況に照らして，詳細さを，すなわち，個別論［Kasuistik］を志向している。個別法文は，並列的な場所〔の法文〕および対照的な場所〔の法文〕と慎重に比較することによって説明される。最も高度に発達した定義および区別の技術の助けを借りて，**諸々の法源の調和**が達成される。法の集成がその素材と一致する，歴史学的な〔法文の〕層というものの違いからみれば明らかになる相違が，論理操作（目の前に存在する諸々の概念，例えば，所有権［dominium］についての，法文の構成の様々な意義，制限または拡張に応じた区別づけ）によって調整される。歴史学的観点はおろか，社会学的観点などというものはまったく欠けているのである。法文は，**論理学的－文法的に**，そしてそれによって――私たちにとっては――奇異なほど**抽象的**に捉えられる。このことには，問われている問題の討論に関してよく知られた**厳格なスコラ学的図式**が妥当する。すなわち，根拠とする法文を引用するたびに用いられるテーゼ――反対テーゼ――解決である〔39頁末尾＊〕。

個別事案または個々の解釈問題についての討論モデルは，大学の債務論争，いわゆる論争問題［Quaestio disputata］である。この討論においては，個別問題の解決が公開の議論において探求された。表現され，高度に文章化された問題思考の方式が重要である。解決のための論証は，つねに**ローマ法大全（または教会法大全）に基づく個別法文**である。すでに通常の授業においては，個別箇所の取扱いに際してもその〔個別箇所の〕意義が論証として示され，そしてこの目的のために特別の集成（いわゆる Brocarda または Brocardica）が書かれた。後にその膨大な目録は，論証として考えられた諸原則の編集に，そして，その論証が立脚した法文の証明に役立つのである[8]。それに対応する

ものは，実務では様々な事案の取扱いである。

　中世の法学は，何千もの**鑑定書**，いわゆる**助言**〔Consilium〕をもたらした。それらは〔紛争の〕当事者または裁判領主に報告された。そうした鑑定書もまたそれゆえに個別論的な文献〔の部類〕に属する。しかし，それらはローマ時代における解答とはまったく異なる形で作成されている。事案の個別問題が順次取り上げられ，討論された論争問題と反証の考慮という方法に従って解答されている。その際には，つねに**権威的な原典の箇所〔を示すこと〕**が論証を与えている。ローマ人におけるのとは異なる，スコラ学の法律家の思考過程が私たちの前にあることが明らかである[9]。衡平または利益評価についての自由な考慮は欠けている。中世の法律家はつねに**原典に基づくテクストの助けを借りて考えている**。〔このように**権威ある原典のテクストによる根拠づけ**が，中世の法学の仕事を規定した，第2の要素である。〕その際に，これらのテクストの組合せ，そして，論証全体におけるその〔テクストの組合せの〕使用からしばしば明らかになるのは，膨大な素材が，驚くほど多くの部分を占めているということだけではなく，実体的な基本思想──すなわち，非歴史学的で純粋論理学的な解釈が，その実体的基本思想を暴き出しうる限りにおいての，原典のある〔特定の〕箇所のより深い意義──へと深々と浸入しているということである。

3. ドイツのパンデクテン法学

法律学的思考のこのような形態を，19世紀におけるドイツのパンデクテン法学の，またはフランスの註釈学派の

法律学的思考の形態と対置することには，非常に魅力的である。両学派ともに——中世の権威的テクストのように——権威的なテクストに基づいて研究している。それどころか，パンデクテン法学は，かの中世の学派と同じテクストを用いて研究している。しかし，それにもかかわらず，それらパンデクテン法学と中世の学派が提示する像はいかに異なるものであることか。

　現代のヨーロッパ大陸の法律家の〔思考〕方法は，とりわけアングロサクソンの側の法律家によって，とかくつぎのように特徴づけられている。すなわち，**大陸の法律家は規範から出発し，事案をその規範の下に包摂する**のに対し，**ヨーロッパのアングロサクソンは，経験的に行動し，それゆえに事案から帰納的にそれについての諸原則を「形成する」**というものである[10]。このような特徴づけがどれほど現実にまだ妥当しているかについては，当面は未決定のままにしておくのがよいのかもしれない。いずれにしてもたしかなことは，**大陸の法律家の思考方法においては，近世の最初の数世紀の間に，スコラ学に対する変化が生じた**ということである。スコラ学が個々のテクストを用いて研究していたのに対し，**今や個々のテクストに基づいて諸原理が構成され，そして事案の解決に際してはこれらの諸原理が適用される**。この変化は，現代におけるローマ法の叙述においては著者が法命題自体を定式化し，これらの法命題がそこから発展したところの個々のテクストを脚注において指示しているということに，純粋に外見上にも示されている[11]。その思考過程の個々の局面はまだ完全には究明されていない。しかし，この発展の出発点と終点は確認されている。終点は諸原理に基づく思考である。このような転回は，近代の法典編纂を生み出した様々な要件の1つであるが，しかしまた，**19世紀ドイツのパンデクテン法学の方法でも**

ある。

　このような転回に付け加えるべきことは，そうした転回が法体系およびその法体系が基づいている概念的に確定された諸々の制度に与える特別の役割である。

　このような考え方の基本的な諸要素は，すでにサヴィニー [Friedrich Carl von Savigny, 1779-1861] の『現代ローマ法体系』（1840年）において展開されている。サヴィニーは個々の**実定法原則とこれらの原則が属している法制度**[Rechitsinstitut] とを厳格に区別している。ここでいう法制度とは，**例えば，婚姻，父権，親族，後見，物権，債務，相続権**である[12]。これらの法制度の本質，すなわち，それがどのように実定法の基礎になっているのかということについての正しい認識は，今日の法律家にとっては決定的に重要である。しかもその認識は，**個々の原則**[Regel] よりも重要である。というのも，民族においては，──ここでは，サヴィニーにとって法は民族精神の表現であるということが思い起こされなければならない──個々の法命題が生きているのではなく，「その〔個々の法命題の〕有機的関連性の中に見出される法制度についての活きいきとした直観」[13] が生きているのであり，立法者は，自らが全体としての法制度から，例えば，婚姻の本質から構成した直観に基づいて，個々の原則を形成しているのである。

　それゆえに，**様々な法制度についての認識こそが，まず最初に，個別原則の解釈の基礎となるのである。個々の規範が制度に帰属している関係を確認することがこの〔法学という〕学問の課題である**[14]。しかしまた，この認識はちょうどそれゆえに法適用の基礎でもある。というのも，私が具体的な生活関係を実定法の諸々の規則の下に包摂しようとするときには，そして，それゆえに

その具体的生活関係を法律関係として把握しようとするときには，私は具体的生活関係を，つまり，事案を，それがどのような**法制度**，例えば，契約，物の所有権，相続権等に関係しているのかということに基づいて審査することにより，それを行うことができるにすぎないからである。このことを私が知って初めて，私は適用されるべき個別原則へと導かれるのである[15]。

そのうえ，私は法制度への回帰により，**制度それ自体についての直観に基づいて，欠けている規範を獲得し，または新しい生活上の現象を大抵は既存の法制度からの類推に従って取り扱う**ことにより，実定的規制において起こりうる**欠缺を埋める**ことができる[16]。それゆえに，制度およびその本質についての認識は，後のパンデクテン法学が述べるように，「生産的」[17]なものである。それは法の継続的発展と適応を許容するものである。

このような考え方に従い，サヴィニーにとって，実定法はいわば2つの層から構成されている。すなわち，1つは，より下の層に基づくものであり，**実定的な個別規範**である。もう1つは，より上の層に基づくものであり，**法制度**である。この法制度はそれ自体としては**体系**［System］と密接に結びついている。このようなより上位の層，すなわち体系への回帰によって初めて，個別規範の理解と適用が可能になる。それゆえに，この学問〔法学〕はまず第1に，個別規範に基づく総合によって法制度の本質を認識し，概念的に確定することに尽力しなければならない。個別規範を直接に分析するのではなく，個別規範の背後にある法制度の認識，いわゆる個別規範に基づく「**構成**」(Konstruktion) が法学の課題である。それはちょうど，実際の個々の事案に関しては，法制度への関連づけが実務の課題であるのと同様である。それゆえに，両者〔法学および実務〕は，そ

れらの活動においても全体として類似しているのである[18]。

このような〔法学の〕課題が個別的にどのように解決されるべきであるかということについて，サヴィニー自身は原則を提示することはしなかった。19世紀半ばのドイツ法学は，純粋に概念的な確定により，この課題に応えることを試みたのである。それにより，法制度における思考に基づいて**概念法学**が成立した。イェーリング［Rudolf von Jhering, 1818-1892］はその『ローマ法の精神』においてこの概念法学をまず最初に詳細に論じ[19]，その後同著作の続巻においてそれを最も痛烈に論破した。概念法学においては，**個別規範を超えて体系的概念が存在するもの**とされるのであり，**実定法**はまずこの**概念体系**に基づいて解釈され，そして適用されるべきものであるとされる。この概念体系は，一方では，この実定法に先立って存在するものと考えられているが，しかしながら，他方では，「構成」に際して再び実定法に依存してもいるのである[20]。

このことにより，この学問〔法学〕ならびに裁判官の仕事は，純粋に論理学的な活動になる。すなわち，躍動している様々な利益や評価はもはや現れることがないのである。この〔19〕世紀末に，ルドルフ・ゾーム［Gotthold Julius Rudolph Sohm, 1841-1917］は以下のように述べることができた。

「学問的思考とは，私たちが所与のものを諸々の概念に従属させることによる，それに対する支配をいう。法学においてもまさにそうである。比較的少数の概念の助けを借りて，私たちは法の世界を・・・・支配する［*beherrschen*］。法の目的を一瞥すること（「利益法学」）は，私たちを法命題の客観的内容へと導く。〔しかしながら〕概念の展開という形式で行われる叙述（「概念法学」）は，この内容に学

間的な,いやそれどころか,芸術的な形成物を与えるのである。

　この〔概念の展開という〕形式に従うならば,**概念の優勢によって法の実定性は消滅する**。この学問〔法学〕は,あたかもそれが一定の一般的諸原理から自由に法命題を創造するかのように振る舞う。そのようにしてのみ私たちは**法を把握する**［begreifen］。そのようにしてのみ人間精神の芸術的欲求,つまり,素材の支配を嫌う,かの要求が満たされるのである。」[21]

4. フランスにおける註釈学派

[S. 18/ S. 254]

　フランスにおいてはパンデクテン法学と同時期に,18世紀がもたらした近代の法典編纂の精神をより明確な帰結において展開した註釈学派の法学説が発展した[22]。

　このような方法の基礎は,**権力分立論に従い,規範を発布する権能がもっぱら立法部に存在するという憲法的見解**である。裁判官は法律の支配の下に置かれる。裁判官は,具体的事案を前にして,立法者がそれについて抽象的な形態で述べたことを言い渡すことのみが許されるにすぎない[23]。哲学的には実証主義との親近性が明らかである。このような見方から,法律が唯一かつ排他的な法源であり,そこから裁判官が判決を獲得しうるという帰結が導かれる。それと並ぶ慣習法も,衡平または判例も存在しない。

　この見解はさらに進んで,法律はまたそれが唯一の法源なのであるから,**完全〔無欠缺〕**なものとしてもみなされるという帰結にまで通じた。裁判官の前に持ち込まれるすべての事案は,法律に基づいて,かつ法律に基づいてのみ解決されるべきであ

る。法規のテクストに根拠づけることのできない請求または抗弁は，却下されるべきである。その際には，当該請求または抗弁がそれに基づいて成立する事案構成が，立法者にとって現にあるものであったか否かを探求する必要はない。というのも，法律をさらに発展させることは必ずしも裁判官の課題ではないからである。そのようなことは立法部の職掌に留保されたままである。

法学はテクスト，つまり，法規の個別規範の理解を提示することに制限される。「したがって，私の信条表明は次のようになる。すなわち，何よりもまず最初にテクストである」[24]。ドイツのパンデクテン法学とは鋭く対立する形で，**テクストの背後に存在する基本制度に対するその都度の裏づけ確認は拒否されている**。次の言葉はこの学派の著作者に帰せられるものである。すなわち，「私は民法をしらない。私はナポレオン法典のみを教える」[25]。個別の註釈は論理学的・文法的な解釈という手段によって貫かれている。価値づけおよび利益評価は学問的解釈の範囲外に置かれたままである。

厳格に法規に忠実であるというこの理論自体は，明らかに，現行の実定法を前向きな発展に適応させる何がしかの可能性を広げるものである。このことは，ひとまず法律学的論理学にとって許された手段であるとみなされる**類推**を通じて現れる。しかし，それはとりわけ，法規が客観的に理解され，**歴史学上の立法者の主観的観念から完全に解放される**ということを通じて現れる。この理論は，**もっぱら法規のテクストのみが標準となるべきものである**，という見解の直接の帰結である。その際には，**そのテクストを立法者の観念世界に基づいてではなく，自分たちの時代の観念世界に基づいて理解し**，それにより，事情によっては

まったく異なる新しい意味をテクストから獲得し，さらにそれにより，場合によってはその法規を様々な新しい観念および関係に適合させることを可能にするであろう。フランス法における著名な一例は，民法典 1384 条の規定に基づき，客観的な，過責〔落度〕［Verschulden］から独立した，物の所有者の危険責任および損害責任を導き出そうとする，19 世紀末にサレイユ［Raymond Saleilles, 1855-1912］およびジョスラン［Étienne Louis Josserand, 1868-1941］によって企図された試みである。この規定のテクストは以下のように述べている。

「人は自分自身の行為によって引き起こした損害のみならず，自らが責任を負う者の行為又は自らの監督下にある物によって引き起こされた損害に対しても，責任を負う。」[26]

5. 英米の法律家の思考について [S. 20/ S. 256]

非常に特色があり，かつ〔これまでに〕述べてきた形態の法律家の思考に対して多くの点でまったく対照的な思考方法というものが，英米法において発達した。そうした思考方法は，つねに大陸の法体系の下で仕事をしてきた者〔私＝コーイング〕にとっては，容易に特徴づけることが困難である。〔したがって〕あらゆる留保を伴いつつ，以下のことが述べられるであろう。

イングランド法（コモン・ロー）は，**裁判官法**として発達した。ローマにおけるのと類似して，立法はどちらかというと個別の問題点に関わるものであった。おそらくこのことは，前世

紀〔19世紀〕の半ば以前の時代に当てはまる。それと並んで，法の発展にとってより重要な構成要素は，発展が生じた主要な時代（12世紀から15世紀）においては，いわゆる「**令状**［writ］」(Breve)であった。「令状」は「保安官（伯爵領の管理人）またはその他の裁判権所有者〔国王・領主・師団長等〕に対して一定の措置をとることを求める，書面による国王の命令」であった[27]。そのような一定の措置とは，例えば，国王裁判所への召喚である。原告は，国王の裁判所において手続を開始するためには，国王の官房においてそのような令状を苦労して手に入れなければならなかった。その手続は，当事者の記載［Angabe］のほかに，事実関係およびとられるべき処置についての手短な陳述［Darstellung］を含んでいた。このような令状に代えて，国王の官房はその後様々な事例群に関する・方・式・書［Formulare］を，そして最終的にはそのような方式書の登録を発達させた。そうした方式書はイングランド法において，ローマ法におけるアクチオおよびその方式書と類似した存在意義を獲得した[28]。

このような〔制度的〕枠組みの下で，**イングランド法は裁判所の裁判**［Entscheidungen］**を通じて形成された**[29]。初期には裁判についての知識が役に立った。すでにイングランドの裁判官ブラクトン［Henry de Bracton, ?-1268］——私たちは13世紀のイングランド法についての名高い叙述である，『イングランドの法律および慣習についての論文』を彼に負うているのであるが——は，〔その準備のために書かれたものではないかとも考えられている〕いわゆる『ノートブック』において，国王裁判所の2,000以上の裁判を記載した[30]。裁判所での弁論［Verhandlungen］においては，私たちが14世紀以来のいわゆる『年報』(Yearbooks) から知るように，**先例**［Vorentscheidungen］**の引照と**

詳論が少なからぬ役割を果たした。もっとも，それは拘束力のある先例としてではなく，裁判所の慣例に関する証明としてであった[31]。判決を公刊したものとして，**16世紀以来存在する判例集**［Law Reports］も同様の描写を提示している[32]。

　偉大なイングランドの法律家クック［Sir Edward Coke, 1552-1634］は，つぎのように述べた。「**私たちの判例集は何が法であるかについての最良の証明である**［Our book cases are the best proof what the law is］。すなわち，**権威あるものに基づく論証が法において最強のものである**［argumentum ab auctoritate est fortissimum in lege］」[33]。既存の裁判所の裁判，すなわち，先例［Precedents］には法が書き記されているのが見出されたが，明らかに**18世紀より前には先例への拘束が現れてはいなかった**。このような意味において，アレンはつぎのように確認している。すなわち，「先例は，コモン・ローがそれに基づいて成長した，進化的原理［the evolutionary principle］である」[34]。

　イングランド法の特殊性は，今日では，それが先例の本質および適用に関する理論，および既存の先例への裁判官の拘束に関する一定の諸原則を発展させたということにある。その伝統的理論によれば，「先例」の意義は何よりもまず，それが一定の法原則［bestimmte Rechtsregel］，すなわち，それに基づいて事案が解決されるような法原則が存在する，ということを証明することにある[35]。先例は権威をもつ，「なぜならば，それが法の正しい言説だからである」[36]。というのも，コモン・ローもまた諸原則に基づいて成立するからである。しかし，そうした諸原則は法規［Gesetz］から引き出されるのではなく，先例（Precedents）の中に見出されなければならない。「私たちのコモン・ロー体系の本質は，私たちが諸原理および司法の先例か

ら引き出すルールを様々な状況の新たな結合物に適用することにある……」[37]。

したがって，**先例に関して本質的なものは，もっぱら具体的な事案のみに関わる具体的な裁判ではなくて，法学的に決定的な観点として具体的な裁判をもたらし，そこから具体的な裁判が導き出される原則**[die *Regel*]，すなわち，いわゆる「**判決理由**」[ratio decidendi]（付随的な注意書きである「**傍論**」[obiter dictum]とは対照的に）である。**そのような原則は判決の解釈によって見出されなければならない**[38]。こうした原則の新たな事案への適用は，この新たな事案が先例の事案に類似したものとして[*analog*]存在しているということを当然の前提にしている。その新たな事案が本質的な点で異なっているならば，先例の事案は考慮されず，それとは区別されなければならない。

それゆえに，先例は，まず，裁判官にとって「何が法であるか」を認識するための助けとなるという意味において，1つの法源であるとするならば，それは，事情によっては，裁判官がそれに拘束され，そこに含まれている原則を同等なものとみなされた新たな諸事案に適用しなければならないという意味において，形式的法源でもある（いわゆる「**先例拘束性**」[stare decisis]の原則）[39]。イングランドの教義は，その先例拘束性の中に，とりわけ**安定性**[Stabilität]および**法的確実性**[Rechts-sicherheit]を獲得する手段を見出している。ついで，イングランド法においては，この先例拘束性の原則は，各裁判所がその上位の裁判所の裁判によって拘束されていること，および（最高裁判所としての職務を行う）貴族院ならびに控訴裁判所が自己の先例に拘束されているということの中から醸成されてきた。この範囲内においては，恒常的な判例になって初めて拘束力を

もつのではなく，個々の先例が拘束力をもつのである。たしかに，貴族院は1966年に，将来は事情によっては自らその先例から離反するかもしれない，ということを明らかにした。アメリカにおいては，この先例拘束性の原理は同じような厳格さにおいて妥当するものではない[40]。しかしながら，アメリカの裁判官もまた先例には重要な意義を認めており，疑わしい場合には先例によって導かれうるのである。

　そのようなイングランド法の体系が特別の思考方法を呼び起こしたということは，今では明白である。**英米の法律家は事案から出発しなければならない**。英米の法律家は，裁判を下さなければならない事案を正確に分析し，それを同じように提起され，以前の裁判，すなわち，先例において裁判を下された諸々の事案と比較しなければならない。そこで法律家が同様の事実的諸要素を発見するならば，先例の判決理由を探求し，それに従って新たな事案について裁判を行うであろう。アメリカの偉大な裁判官カードーゾ［Benjamin Nathan Cardozo, 1870-1938］は，コモン・ロー裁判官の活動に関するこの最初の段階を，以下のように言い換えている。

「彼〔裁判官〕が最初に行うことは，目の前にある事件を，彼の記憶の中に蓄積されているものであろうが，書物の中に隠されているものであろうが，先例と比較することである。私は，先例が，法の武器庫のために必要な唯一の装置，メイトランドの言い回しを借りるならば，『法の鍛冶工場』における唯一の道具を提供するような究極的法源である，と述べているのではない。先例の背後には，司法手続における推論［judicial reasoning］の様々な要請である基礎的な**法律学的概念化**［juridical conceptions］が存在する。さらにそ

の背後には，生活上の様々な習慣，社会の様々な制度が存在する。そこにはそれらの概念化がそれぞれの起源をもち，そして，相互作用のプロセスによって，今度はそれらの概念化の方がそれら〔生活上の様々な習慣，社会の様々な制度〕を変更したのである。にもかかわらず，私たちのそれ〔体系〕のように高度に発達した体系においては，先例はそのようにして根拠を含むものであったので，それはそこから裁判官の仕事が始まる出発点を明確にするのである。ほとんどつねに〔変わることなく〕裁判官の〔仕事の〕第１段階は，先例を審査し，比較することである。それら〔の先例〕が平易で，ポイントを突いているならば，それ以上必要なことは何もないであろう。先例拘束性は，少なくとも私たちの法において毎日のように働いているルールである。私は後に例外的な諸条件の下においてこのルールを緩和することの適切性について，何がしかのことを述べることにする。しかし，それらの諸条件が存在するのでなければ，諸々の事件に容易に適合する先例に従ってそれらを裁判するという仕事は，その性質上，制定法に従って諸々の事件について裁判を行う仕事と同様のプロセスなのである。」[41]

そのようにして，エドワード・リーヴァイ［Edward Levi, 1911-2000］が「事件から事件への推論」という適切な定式によって叙述した思考プロセスが成立する[42]。

アメリカでは，すでに法律学の授業は，裁判所の裁判，すなわち，**「リーディング・ケース」の分析**という，この種の方法を目指していた。いわゆる「ケース・メソッド」である。この方法は，好んで**「帰納的」**かつ**「経験的」**なものと表現され[43]，大陸の法律家の**体系的－演繹的〔な方法〕**と対置される。その方法は，たしかに細心の配慮をもって諸々の事実が編集され，比

較され，かつ（先例または他の法源に基づいて獲得された）既存の諸原則がある程度その事案において試される限りにおいて，たしかに経験的である。しかし，それはおそらく**「問題〔志向的〕」思考**として表現することが，より適切であろう。というのも，そこでは個々の事案が正当な秩序についての問題であるとみなされ，そして，正確な事案分析に基づいて，しかも，第1次的には比較可能な「先例」の助けにより，それゆえに諸々の事案の間で行われる類推という方法を用いて，解決策が探し求められるからである。

　しかしながら，適切な先例を見出すことができない場合には——それゆえに，大陸〔法〕の理論がいう意味における欠缺が存在する場合には——，英米法の裁判官は，自分自身が正当[gerecht]かつ合目的的[zweckmäßig]なものとして設定する原則に基づいて判断するのである。その際，その〔英米法の〕裁判官は，自らがそれに奉仕する「権威」の選択において，比較的自由である。アレンは，イングランドの法発見に関するその叙述において，どのようにしてイギリスの裁判官がそのような〔先例を見出すことができない〕場合において，ローマ法の諸原則またはポティエ[Robert-Joseph Pothier, 1699-1772]のような重要な外国の著者に立ち返ったかを示している[44]。アメリカの裁判は，折に触れて，「何ぴとも2人の主人に仕えることはできない」というような聖書の諸原則を，その法律学的論証の出発点にした。法理論によれば，ここではたしかにいわゆる「説得的な諸々の法源」が問題であるにすぎない。しかし，**それら説得的な諸々の法源が引き合いに出される自由には驚くべきものがある**。決定的に重要なのは，裁判官の判断に従って正当で，合目的的で，かつ説得的な解決を見出すことができるということ

である。裁判官のこの課題をカードーゾは念入りに強調している。上記に引用した文章の後で，彼は以下のように続けて述べている[45]。

「それ〔裁判官の任務〕は，研究，比較のプロセスであり，ほとんどそれ以上のものではない。いずれにせよ，そのプロセスを超える裁判官は稀である。彼らの義務についての彼らの観念は，手許にある事件の色と似合う色を彼らの机の上に打ち広げられた多くのサンプル事件の色と照合して見つけ出すことである。しかし，もちろんのことながら，生ける法のシステムはそのようなプロセスによっては進化させることができないのであり，その職務に値するだけの高等法院〔最高裁判所〕の裁判官は，自らの地位の機能をそのように狭くみてはいない。そのこと〔手許の事件を似た色のサンプル事件と照合すること〕が私たちの天職として存在するすべてであるとするならば，それに対する知的関心はほとんど存在しないであろう。そして，その場合には，諸々の事件についての最良のカード式索引目録をもつ者が，最も賢い裁判官でもあるということになってしまうであろう。〔しかしながら，〕似合う色が見つからないとき，索引目録の参照項目が欠けているとき，〔つまり〕決定的な先例のないときこそ，裁判官の真剣な仕事が始まるのである。裁判官はその時，目の前にいる訴訟当事者たちのために，法をこしらえなければならない。その訴訟当事者たちのために法をこしらえることにより，その裁判官は他の者たちのためにも法をこしらえていることになるであろう。そのことについての古典的叙述は，ベーコン［Francis Bacon, 1561-1626］のものである。すなわち，『裁判に任された事項が「私のもの」と「あなたのもの」〔個人の所有権に関わる問題〕でありながら，それが何度も繰り返されると，その理由と帰結が国家の問

題に触れることになりうるからである』。今日の判決文は明日の正・不正をつくり出すであろう。裁判官がその判決文を賢明に申し渡すとするならば，承認を求めて争うすべての潜在的な判決の中で，その裁判官を導くための何らかの選択の諸原理が存在するに違いない。」

今やここには，英米の法思想およびコモン・ロー裁判官の様々な判決に関して，大陸の法律家にとっては奇異に感じられる異質な要素が現れている。すなわち，それらは**非強制的で，自由で，そして人的な性質のもの**である。そして，それらによって，事案の裁判に役立つような実践的，政治的および倫理的な様々な観点が議論されるのである[46]。

II 法律学的思考の歴史学上の諸類型・注

1 *Steinwenter*, Prolegomena zu einer Geschichte der Analogie, Festschrift Schultz II (1951), S. 345 ff. シュタインヴェンター自身は，類推推論の歴史に関する一連の重要な業績を公刊した。今ちょうど挙げられたProlegomena Iのほかに，„Prolegomena zu einer Geschichte der Analogie II" in Studi in onore di Vincenzo Arangio-Ruiz II (1953), S. 169 ff. および „Analoge Rechtsanwendung im Römischen Rechts" in Studi in momoria di Albertario II (1953), S. 105 ff. がある。残念ながら，これらの研究は類推についての一般的な哲学的概念からではなく，近代ドイツの解釈論についての非常に特殊な哲学的概念から出発している。〔第5版——今では，*M. Herberger*, Dogmatik (1981) が基礎的な業績として，重要な意義をもっている。〕

2 法学についての包括的な歴史を発刊するというデ・ズルエタ〔*Francis de Zulueta*, 1878-1958〕およびヘルマン・カントロヴィッツ〔*Hermann Kantrowicz*〕〔15頁〕による計画である，Oxford History of Legal Science は，残念なことに先の戦争によって遂行されえなかった。〔包括的な法学史の〕計画に関しては，*Fritz Schulz* の „Geschichte der Römischen

Rechtswissenschaft" (1961) のドイツ語版への序文，およびカントロヴィッツの論文である „The Definition of Law" ed. By Campbell (1958) への *Goodhart* の序文を参照せよ。

3　*Papinianus*, Digesta I.I.7.I〔巻末【学説彙纂】参照〕。
4　*Schulz*, Geschichte der römischen Rechitswissenschaft (1961), S. 147 によって引用された，セネカの箇所を参照せよ。
5　例えば，*Schultz* a.a.O., S. 146/147 における様々な例を参照せよ。
6　個別科学におけるこのような方法の展開およびその法律学への影響に関しては，次の業績を参照せよ。*La Pira*, La genesi del sistema nella giurisprudenza Romana: I. Problemi generali, in: Studi in onore di F. Virgili (1935)；II. L'arte sistematrice, Bullettino dell' Istituto di diritto Romano 42 (1934), S. 336 ff.; III. II metodo, Studia et Documenta Historiae et Iuris I (1935), S. 319 ff.; IV. II concetto di scienza, Bullettino 44 (1936), S. 131 ff.
7　この〔弁論術の〕影響は von *Stroux*, Römische Rechtswissenschaft und Rhetorik (1949), S. 23 ff., 102 ff. によって強調されている。通説的見解はむしろ懐疑的である。*Schultz*, a.a.O., S. 92/93 を参照せよ。
8　中世の論争問題 (Quaestio) については，*H. Kantorovicz*, The Quaestiones Disputatae of the Glossators, Tijdschrift voor Rechtsgeschiedenis 16 (1939) S.1 ff. を参照せよ。論証としての法文の使用については，*Weimar*, Argumenta Brocardica, in: Studia Gratiana XIV (1967), S.89 ff. を参照せよ。
9　*Coing*, Die Anwendung des Corpus Iuris in den Consilien des Bartolus, Studi in memoria di P. Koschaker (1954) I, S. 71 ff. を参照せよ。
10　例えば，*Allen*, Law in the Making (5. Aufl., 1951), S. 336 ff. を参照せよ。
11　このような形象をすでにドマ (Jean Domat, 1625-1696) の著作である，„Les lois civiles dans leur ordre naturel" (1689-1697) が提供している。
12　*Savigny*, a.a.O., I, S. 388.
13　*Savigny*, a.a.O., I, S. 16.
14　*Savigny*, a.a.O., I, S. 48.
15　サヴィニーは，a.a.O., I, S. 9 において，以下のように詳論している。「個々の権利［das einzelne Recht］に関する判断は，個々の権利がそれによって支配される一般的規則に個別の事実を関係づけることによってのみ可能である。このような一般的規則を私たちは端的に**法** [*das Recht*]，または一般的な法と呼んでいる。すなわち，多くの者はそのような一般的規則を客観的意味における法と呼んでいる。そうした一般的規則は，とりわけ法規［Gesetz］において，より明白に目に

見える形で現れる。それ〔法規〕は，国家における最高権力が法的規則を言い表したものである。

　しかし，そのようにして，個々の法的紛争〔訴訟〕に関する判断〔判決〕は，〔個々の法的紛争に〕限られた従属的な性質をもつにすぎず，法律関係[Rechtsverhältnis]という直観において初めて生命力ある根源とその説得力を見出すのであり，それ〔法律関係〕は法原則と同様の関係にある〔法原則も事情は同じである〕。<u>というのは，法原則もまた，それが法規にどのように書き込まれるかということに示されているように，そのより深い基礎を</u>**法制度**[Rechtsinstitut]<u>という直観にもち</u>，そしてまたその法制度の有機的な性質は構成部分の活きいきとした連関ならびにその〔法制度の〕前進的な発展に示されているからである。それゆえに，私たちが直接的な現象の中にとどまり続けるのではなく，事物の本性へと踏み込むならば，各々の法律関係は，実際にはそれに対応する法制度の下において，その〔法制度の〕類型として存在しているのであり，個々の法的判断〔判決〕が法原則によって支配されているのと同様に，この法制度によって支配されている，ということを私たちは認識する。それどころか，後者の包摂〔個々の法的判断の法原則への包摂〕は前者の最初の包摂〔法律関係の法制度への包摂〕に依存するのであり，前者の包摂によって初めて後者の包摂は真実性と生命を保持することとができるのである。」〔法制度⊃法律関係⊃法原則⊃個々の法的判断〕

　これに次いでサヴィニーは，この方法に従い，学説彙纂の事案(*Africanus*, Digesta 12.6.38 pr.〔巻末【学説彙纂】参照〕)の分析を行っている。サヴィニーのこの見解は，その国際私法においてとりわけ重要性をもつ。この点については，*Coing*, Rechtsverhältnis und Rechtsinstitution im allgemeinen und internationalen Privatrecht bei Savigny, in: Eranion in honorem G. S. Maridakis (1964) III, S. 19 ff.

16　*Savigny*, a.a.O., I, S. 291.
17　*Jhering*, Geist des römischen Rechts II/2 (5. Aufl., 1868), S. 386 ff.
18　Vgl. *Savigny*, a.a.O., I, S. 8-11.
19　*Jhering*, Geist des römischen Rechts II/2 (1858), §§ 39-41.
20　このことは，とりわけイェーリングによって提示された「被覆の法則」から，すなわち，ある制度についての概念はその制度に属する各々の規範と一致しなければならないという要請から生じるのである。
21　*Sohm-Mitteis-Wenger*, Institutionen des Römischen Rechts (17. Aufl. 1926) Einleitung, S. 32.
22　いわゆる註釈学派については，*Bonnecase*, La pensée juridique française de 1804 à l'heure présente (1933)，とりわけ，I, S. 234 ff., S. 288-347; *E. Gaudemet*, L'interprétation du Code Civil en France (1935)を参照せよ。

オーストリアにおける一般民法典［ABGB］の下で，これに対応する時期についての批判的描写として，*Unger*, Schletter's Jahrbücher I (1855), S. 353-359 がある。*Gény*, Méthode d'interprétation et sources en droit privé positif (2. Aufl., Neudruck 1954) I, S. 28 ff. には，総括的な批判的叙述がある。

23 このような考え方の基礎にある法源論に関しては，*Coing*, Grundzüge der Rechtsphilosophie, 2. Aufl, S. 280 ff.〔5. Aufl., S. 276 ff.〕を参照せよ。

24 Demolombe による。ここでは *Gény*, a.a.O. I, S. 30 から引用する。

25 *Gény*, a.a.O. I, S. 30 を参照せよ。

26 *Planiol-Ripert*, Traité Elémentaire de Droit Civil II (3. Aufl. 1949) Nr. 1042 ff. における概観を参照せよ。——*Gény*, a.a.O. I, S. 263 は，正当にも，つぎのように注意を喚起している。すなわち，このような「客観的な」解釈理論は，テクストの最も主観的な解釈［Ausdeutung］の危険をまさに呼び起こすものである。——ドイツにおいても19世紀には，客観的な解釈理論が展開された。*Binding*, Handbuch des Strafrechts I (1885), S. 450 ff.; *Kohler*, Lehrbuch des Bürgerlichen Rechts I (1906), S. 122 ff., 130 を参照せよ。それ〔客観的な解釈理論〕がドイツにおいても支配的であると述べるものとして，*Larenz*, Methodenlehre der Rechtswissenschaft (1960), S. 31 ff., 237 ff.; *Esser*, Grundsatz und Norm in der richterlichen Fortbildung des Privatrechts (1956), S. 121 ff.; BGHSt〔連邦通常裁判所刑事判例集〕I, 76; BGHZ〔連邦通常裁判所民事判例集〕23, 390 を参照せよ。

27 *Peter*, Actio und Writ (1957), S. 19.

28 *Plucknett*, A Concise History of the Common Law (2. Aufl. 1936), S. 317 ff.; 323. それについては，*Peter*, Actio und Writ (1957), とりわけ，第3章〔を参照せよ〕。

29 その発展プロセス全体についての卓越した叙述として，現在では，*Dawson*, The Oracles of Law (1968), S.1-99〔を参照せよ〕。

30 この〔判決の〕集成の目的については，*Plucknett*, a.a.O., S. 232, 305 ff.〔を参照せよ〕。

31 印象深い引用とともに，*Allen*, a.a.O., S. 182-191; *Plucknett*, a.a.O., S. 311 を参照せよ。

32 *Allen*, Law in the Making (5. Aufl. 1951), S. 196.——〔これについては〕*Plucknett*, a.a.O., S. 308.

33 *Allen*, a.a.O., S. 199 からの引用による。

34 a.a.O., S. 332.

35 *Allen*, a.a.O., S. 210 ff.

36 *Allen*, a.a.O., S. 273.

37 *Parke*, J. in Mirehouse v. Rennell I Cl. および F. 527, 546. *Allen* a.a.O.,

S.225 からの引用による。
38 そのような解釈の困難さに関しては，*Allen*, a.a.O., S. 270 ff.〔を参照せよ〕。
39 19 世紀末に発達した厳格な先例理論を，*Salmond* がその „The Theory of Judicial Precedent", Law Quarterly Review XVI（1900）の論文において提示している。
40 その様々な理由についての興味深い説明とともに，*Goodhart*, Case Law in England and America, Essays in Iurisprudence (1931), S. 50-74 参照。
41 *Cardozo*, The Nature of Iudicial Process (von M. Hall [hrsg.], „Selected Writings of Benjamin Nathan Cardozo", 1947 によって引用された), S. 112 ff.
42 *Edward Levi*, An Introduction to Legal Reasoning (1949), S. 1 参照。
43 例えば，*Allen*, a.a.O., S. 154/155 参照。
44 *Allen*, a.a.O., S. 254, 255 ff.
45 *Cardozo*, a.a.O., S. 113.
46 まさにこのことが，ヨーロッパの観察者たちを絶えず繰り返し深く印象づけたのである。例えば，*Radbruch*, Der Geist des englischen Rechts (1946) を参照せよ。

＊　訳者注　以上のパラグラフ「中世の法学は徹底して個別法文を志向しており，……。……テーゼ――反対テーゼ――解決である。」は，『法哲学綱要（第 5 版）』において，つぎのように修正されている。

「中世の法学の仕事は，2 つの要素によって規定されている。それはまず第 1 に，その時代の**論理学**に立脚している。その際に，それは推論論理学［Schlußlogik］を，とりわけ論理学的な論証理論を用いている。歴史学的および社会学的な論証は欠けている。様々な原理に基づいて帰結を体系的に導き出す〔演繹する〕ということは稀である。法学は個別のテクストに関心を向けている。すなわち，ローマ法および教会法の集成の特色に照らして行われる個別論［Kasuistik］を志向しているのである。個別法文に関しては，まず最初に決定的に重要な個別事案（casus）およびその解決策が苦心して引き出される。しかし，それに次いで，〔第 2 に〕論理学的思考方法においては，このような判断に基づいて，1 つの法文に関して一般的論証を獲得することができるような思考方法もまた，苦労して引き出される。問いに対して解答することができるための助けになるような命題を発見することが重要である場合には，疑問の余地のある諸々の事案の解決に際して，様々な問いについての討論［Erörterung］で用いられるように，このような――論証としての――形態において，個別法文が用いられるのである。

そのような問いについての討論は，厳格な判断枠組み，すなわち，テーゼ——反対テーゼ——解決に従って行われる。その各々の段階において，論証として役立つような個別法文が引用されるのである。」

III 法典の解釈

法典化された法の体系にとって，法律学的思考の理論は，法律家の任務に対応して[1]，3つの対象を含まなければならない。すなわち，既存の法文の解釈，適用および継続的形成である。

1. 一般的な解釈学の諸原則

法学は，法規を解釈するがゆえに，より広範囲の解釈学的科学に属する[2]。**解釈学＝ヘルメノイティーク**［die Hermeneutik］とは，**テクスト，すなわち，言語的に固定された精神的成果物**［Geisteswerk］**の正しい解釈についての理論である**[3]。

どの解釈の目標も，テクストの理解，すなわち，その精神的意義，つまり，意味の把握である。解釈学はそのために一定の方法的観点を発達させた。それは，シュライエアマッハー［Friedrich Schleiermacher, 1768-1834］の用語法に関連づけて，解釈の諸規準［die Canones］と名づけられている[4]。

ここで役立つ第 I の観点は，**客観性**という観点，換言すれば，**解釈されるべき成果物の自律性**という観点である。この命題は，各々の解釈がもっぱら成果物とその特色を判断規準にするという解釈者の決心をもって始まるに違いない，ということをいわんとするものである。たしかに，主観的関心，すなわち，一定のテクストによって言及されたものとして主観的に捉えられた存在は，おそらく理解の前提ではある。しかし，テクストに客観的に，かつ先入観なしに立ち向かおうとする，すなわち，**テクストに何物をも持ち込むのではなく，テクスト自体に含まれているものを展開しようとする解釈者の意志**なくしては，テクストの

理解は存在しない。このような客観性または自律的解釈の規準は，**「意味は運び込まれるのではなく，運び出される」**［Sensus non est inferendus, sed efferendus］という古い命題によって総括することができる。

　第2の規準は，**統一性**［*Einheit*］という観点である。成果物は統一性〔をもつもの〕として理解されなければならない。すなわち，**個々の命題は全体性——個々の命題の解釈に基づく全体性——に照らして把握されなければならない**。文芸学者シュタイガー［Emil Staiger, 1908-1987］はこのことをその著作である『解釈の芸術』の中で，つぎのように定式化している。

　「私たちは個々のものに基づいて全体を理解し，全体に基づいて個々のものを理解している，ということをずっと以前から学んできた。」[5]

　第3の規準は，**発生学的解釈**［*genetische Auslegung*］，すなわち，テクストの起源に遡った解釈という観点である。この観点は，シュライエアマッハーにより，客観的所与としての言語と個々人の思想の間に存在する関連性を手がかりとする，その解釈学において展開された。言語的に表現された各々の命題は，両者と結びつけられている。それは，一面においては，個々人の思想，つまり，個々人の精神の表現であり，また，他面においては，歴史的に生成され，客観的に確立された言語において定式化されている。このことは，発生学的解釈，すなわち，言葉の成果物をその起源に遡って解釈しようとする解釈が，ただちに2つの方法を指し示しているようにみえる，ということに通じている。一方では，著作者の人格性についての問いであり

――シュライエアマッハーは著作者の生命の総体性について述べた――，他方では，この著作者がそれによって表現する言語においてすでに見出した客観的所与についての問いである。

両者〔の方法〕は，さらなる関連性へと通じている。主体による，つまり，著作者の個性による解釈は，著作者の伝記，生活関係，心理的要因，社会関係という観点の下における解釈へと通じている。これに対して，著作者がそれを用いて表現しなければならない言語の客観的内容に由来する，前述したもう1つの方向性は，一連の超個人的な関連性へと通じている。そこには，まず最初に，私たちに先立つ世代の人々による思想の展開を蓄えている言語そのものがある。**人間は，言語の中に沈殿した思想の伝統から解き放たれて思考することはない**。ついで，この観点は，言語を超えて，普遍的な精神史へと回帰する。すなわち，著作者がその中に置かれ，たとえどれほど著作者の思想の方向性をあるいはすでに規定したかもしれないとしても，その者に表現の可能性を与えたスタイルの発展，形態の発展，理念の発展へと回帰するのである。そのようにして，発生学的－歴史学的な観点はそれゆえに二重の解釈基盤に通じている。すなわち，**主観的－伝記的解釈基盤**および**客観的－精神史的解釈基盤**である。

第4の解釈規準は，シュライエアマッハーがその解釈学において技術的解釈と名づけた**実質的意義に基づく解釈**［Auslegung aus der Sachbedeutung］である。この解釈規準は，各々の言語的成果物は言語的表現を超えて，**言語的表現の向こうに存在する内在的実質関係**を指し示すという洞察に由来している。その言語的成果物はそうした何がしかのことを言い表しているのである。

そのことは，私たちが学問的命題について考えるときに最も

明白である。すなわち，その学問的命題は，一定の認識，つまり，一定の専門領域に関する認識を表現するものである。しかし，このことはまた文芸作品にも当てはまる。すなわち，悲劇は人間および世界におけるその地位に関する何ごとかを言わんとするものである。その際には，ある命題をその実質的意義に基づいて，つまり，その命題が指し示す実質的関連性に基づいて解釈する可能性と必然性が生じるのである。

　私たちはここで重要な事実へと導かれる。それは，たしかに諸々の精神科学はまず最初に歴史的に成立し，個々の精神による個々の創造物であるテクスト，つまり，精神的成果物に関わるものである。しかし，これらのテクストは同時に一定の実質的関連性［Sachzusammenhang］を指し示そうとする点で超歴史学的である，ということである。例えば，ある哲学的著作は，哲学に関わる著作者の思想を表現しようとするだけではない。それは真実というものを述べようとしているのである。その結果，個々の命題は，一方では内在的な形式関連性ならびにその客観的な意義，つまり，その形式関連性が意味することに基づいて解釈することができ，例えば，悲劇は，特定の構造をもつ芸術作品として解釈することができるとともに，他方では人間に関する陳述としても解釈することができる。また，学問的命題は，個別的体系の一部として解釈されるとともに，認識に関する陳述としても解釈することができるのである。

　こうした解釈が著作者の人格を度外視した場合，すなわち，この命題の発生源，歴史学的な成立の問題をまったく未決定にしたままの場合にも可能であるということ――そのような取扱いが有意義かどうかも別の問題であるが――は，最初から明らかである。実質的関連性に基づくこのような解釈の可能性は，

いずれにしても，精神的成果物，つまり，ある思想を言い表す命題が，その際に著作者の人格，すなわち，その命題がそこから生成された歴史学的状況に立ち返ってそれを把握しなければならないということなしに，自ずから獲得することができるということを私たちに示している。

しかしながら，このような「技術的」解釈の可能性は，さらなる洞察に通じている。すなわち，**ある命題は，その著作者自身がもっていた目的および意図を超えて，その彼方に存在する意義を発展させることができる**，ということが示されているのである。ここでは正当にも，**精神的成果物の超越的意義**，すなわち，解釈において獲得されるべき意義が，著作者がその著作物をもって考えていたこと以上の意味をもつという場合における超越的意義について語られたのである[6]。

第5の観点は，解釈学においてある1つの役割を果たしている。それは，**比較の観点**である。一般に，テクストの解釈は**類似の成果物の比較**という手段を用いる。そのような比較，例えば，**同じ著作者，同じ時代または同じ種類の他の成果物との比較**というものは，一面では個々の成果物の特殊性を際立たせることができる。しかしまた，デュルタイが注意を喚起したように，精神科学に固有の一般的認識への道が歩まれるべきである。精神科学的な解釈は，つねに比較の方法をもって行われなければならない。

すでにシュライエアマッハーによって言い尽くされ，そして解釈学のさらなる発展において承認されているのは，すべての解釈学的観点が原則として同等に取り扱われるべき資格をもち，その結果，学問的解釈はこれら各々の観点がみな妥当するように行われなければならないということである。それらの観点は，

ある命題の意味をより明白なものとするであろう。そうした諸々の観点の適用および考量がトピク的な手続に現れている。

2. 法律学的解釈の諸原則 [S. 28/ S. 264]

法律学的解釈〔die juristische Auslegung〕——しかも，法規における解釈ならびに契約に際しての解釈——において役に立つ諸々の観点を分析してみると，それらの観点が**一般的解釈学の諸原則に全面的に組み入れることができる**ことが分かる。

法律学的解釈の目標は，所与の法命題を法秩序の命題として，それゆえに，人間の共同生活において正当で，かつ合目的的な秩序の命題としての意義において理解することである。法律学的解釈は，その他のあらゆる解釈の形態と理解の目標を共有している。〔しかしながら，〕その法律学的解釈の特殊性は，所与の命題〔法文〕が**秩序命題**として理解されるべきである，ということの中に存在する。スタンダール〔Stendhal, 1783-1842〕は，フランス民法典を模範的な言語芸術の構築物として読んだといわれる。韻律学的な関心をもつ者たちは，ドイツ民法典を，それが6脚韻を含むかどうかという観点から研究した（そして，実際，923条にそれを見出した）。しかし，そうであっても，それは必ずしも法規の法律学的理解では**なく**，美学的理解である。

〔I〕解釈の要件は，法律学的解釈の場合においても，**客観的見地**〔客観性。42頁参照〕である。まさに法律学においては，その客観的見地にまったく特別の価値が帰属するということも

できる。それどころか、「テクストの曲解」、つまり、当事者の主観的目的に従った解釈は、まさに法律家の職業倫理に対する重大な違反の1つとして、そして、小人たる、悪しき、まさに金で動く法律家を特徴づける方法として、しられている。

〔2〕ちょうどそのようにして、**統一性** [die Einheit] という観点もまた、契約においても法規においても、法律学的解釈の基本原則の1つである。すでにローマ時代の法律家であるケルスス（紀元2世紀）が、「**法を全体として考慮することなしに、法の断片に基づいて裁判〔または解答〕することは不作法である。**」[Incivile est, nisi tota lege perspecta, una aliqua particula eius proposita iudicare vel respondere] ということを述べている[7]。そして、フランス民法典は、1161条で「合意のすべての条項は、それぞれにその行為全体から帰結する意味を与えられるように、相互に解釈される。」と命じている。

それどころか、**法規の解釈に際しては、統一性という観点には特別の意義が帰属する**。というのも、美学的な芸術作品とは対照的に、法律学的テクスト、つまり、法規は、矛盾のないものであるべきとされており、それによって法規はつねに同じように、かつ恣意を差し挟むことなしに適用することができるからである。矛盾だらけの法秩序というものは、すべてのものに対する統一的な規準の適用に従った正義の要請に反する[8]。それゆえに、法学はつねに現行法のすべてのテクストの調和を回復し、矛盾を排除することを試みてきた。諸原理の妥当領域の正しい限界づけ、諸々の概念または様々な先例の識別は、この〔統一性という〕目標に役立っている。この目標にとっては、とりわけ、その法律学的体系が存在する限りで、各々の個別制度

または個別命題にその位置を指し示す，法律学的体系が役に立つものとされている。

〔3〕その他の点では，法律学的解釈においては，それが歴史的に発展してきたように，とりわけ，一定のいわゆる発生学的および「技術的」解釈の各観点が役立っている。

あらゆる解釈がそうであるように，**法律学的解釈もまた，まず最初にテクストの言葉の意味から出発する**。その言葉の意味は，一般的な言語の使用法および法規の成立時に与えられていた技術的な法律家に特有の言語の助けを借りて，探求される。確固たる権威を形づくったものとしての言葉の意味をもって操作するという傾向をもつこのような解釈は，法律学の最も古い方法である。そこにおいては，初めに言葉ありき〔ヨハネによる福音書 1.1〕という命題がどのような場合にも妥当している。法発展［Rechtsentwicklung］において余りに大きな役割を果たしてきた形式主義は，その法発展の中で長い間影響力を持ち続けている。しかしながら，言葉の正確な吟味［Wägen］は，発展した法律学にとっても特徴的なものであり続けている。言葉とその一般的に通用する意義において確定されたものは，法的取引において，信頼保護という観点の下で正当化されている。このような観点は，法規の解釈においてもまた，立法者の「内的な」意思を探求するというしばしば存在する困難といったような他の考慮要因と並んで，重要な役割を果たしているのである。

このような**言葉の尊重**が最も明白に表現されているのが，通常は法律学的解釈においてである。それは，原文の用語が一義的であるときは，それ以上の解釈を禁じるものである。「言葉に何ら曖昧なものが存在しないときは，何が意欲されているか

を問うことは許されない［Cum in verbis nulla ambiguitas est, non debet admitti vountatis quaestio］」（「**意味明白**」**原則**とも呼ばれている）[9]。〔しかしながら、〕合理的に解釈すれば、この原則は明らかに、明白で規範的な言葉の意味は解釈の出発点にすぎず、テクストにその他の意味を付け加えようとする者はそのための立証責任を負担する、ということを意味するものとして、制限的に理解されるであろう[10]。

このように言葉をその一般的に妥当する意味において厳格に捉えることと、その言葉の文法的および論理学的な諸原則の使用を結びつけることが、すでに早くから行われてきた[11]。これにより、おそらくすべての発展した体系におけるあらゆる解釈の出発点である文法的−論理学的解釈の諸要素が与えられたのである。**一般的な解釈学の範疇によれば、文法的−論理学的解釈は、それが所与として使用された言語に立ち返る限りにおいて、発生学的解釈に属する。**

さらに、法規の歴史学的解釈も発生学的解釈の範疇に属する。この概念の中には、私たちの法律学的思想の歴史的発展において様々な時代に現れていた多様な観点が包含されうる。歴史学的解釈は、**解釈されるべき法命題の定立をもって立法者が望んでいたことを確定することに向けられている。それは、歴史学上の立法者の思想を後から補完しようとするものである**[12]。解釈者は立法者の立場に入れ替わるべきである。そのための補助手段として、比較的古い理論は、とりわけ、法命題が定立されようとした状況、とくに法規が何かを変えようと欲した法状況の探求を推奨している[13]。契約法においては、当事者意思の探求が、立法者意思の探求に相当する。

より正確には、**利益法学**［die Interessenjurisprudenz］が、**解釈**

者は立法者が念頭に置いていた社会的な利益衝突を再現しなければならないこと，およびその利益衝突を規定した社会的利益状況ならびに権力状況が，ある利益を優先させること，ないしは一定の利益調整を行うように努めることを要求している[14]。このような利益分析もまた歴史学的解釈である。しかし，その際には，そのような利益分析は社会学的解釈へと移行しているのである。

　歴史学上の立法者の見解および意図に基づく解釈は，明らかに著作者の人格性に基づく解釈に相当する。しかし，まさにその歴史学上の立法者の見解および意図に基づく解釈を，この著作者の人格性に基づく解釈と比較しようとすると，法学の領域においてはこのような方法につきまとう固有の困難さが現れてくるのである。文学的な成果物の著作者は，ある特定の人格である。しかし，**立法者においてこのような人格とは誰のことであろうか。法規を決定または裁可する支配者または議会**は，その政治的権威によって法規を発布する。しかし，これらの者がその**法規の編纂者**，つまり，文学の著作権の意味における「著者」［Urheber］であることは稀である[15]。法規の編纂者はむしろ**公務員，〔法案の〕準備委員会の委員，〔法案を審議し，立法を行う〕議会の委員会の構成員等**である。しかし，これらの者には，彼らによって起草された文章を法規に高める権威が欠けている。このような困難さが，数多くの著作者たちを，いやそれどころか法体系全体を，法規の編纂者の意図に立ち返らせることが，つまり，いわゆる「法規の素材」を評価することが，許されないものであると表明することへと導いたのである。――そのようにして，例えば，イギリス法においては，総じて通説的な見解によれば，制定法についてのいわゆる「議会の歴史」

[parliamentary history] を考慮に入れることは排斥されている[16]。**それにもかかわらず，ある法文を法規範として発布する政治的な担当省庁は，この法文をその編纂者が理解したように把握しようとしたものである，と仮定することが合理的である。**それゆえに，そのような編纂者の見解を評価することの意義は，たしかに疑いようのないものなのである。〔しかし，〕編纂者の見解が拘束力をもつか否かは，それとは別問題である[17]。

歴史法学派は，歴史学的解釈の意味をさらに広義に理解してきた。それはたしかに，立法者の意思をも問題にした。しかし，それを超えて，**立法者が受容した法制度の歴史的発展**，およびそれに伴う**歴史における法理念の進展**［Entfaltung］をも問うた。解釈者は，こうした法理念の進展の経緯および法理念の立法時における到達点を明らかにすべきものであるとされていた。それゆえに，歴史的解釈は，そうした法理念にとっては，とりわけ法律学的理念史に基づく解釈だったのである。

現代の歴史学的解釈は，これらすべての要因を考慮に入れるであろう。この現代の歴史学的解釈は，立法者が解決しようとした問題が何であったかを認識することを試みるであろう。それは，法文をこのような立法者が解決しようとした問題に対するその立法者の解答として，そして，その際には秩序命題として，理解するであろう。その目的のために，現代の歴史学的解釈は，この立法者が解決しようとした問題を明らかにすることに適したすべての要素を顧慮するであろう。すなわち，所与の諸々の事実状況および法状況，立法者によって認識され，かつ評価された諸々の利益，立法者が状況を認識するために利用できる様々なカテゴリー，立法者を何らかの意味で規定した倫理学的および社会政策的な諸々の理念，立法者がそれを用いて表

現した様々な法律学的概念である。歴史学的解釈は，それらによって社会学的および価値論的な解釈を含んでいる。しかし，それは法規の成立における状況に鑑みて，双方の観点〔社会学的観点および価値論的観点〕を探求するものである。それをもって，歴史学的解釈は，技術的な立法史，つまり，いわゆる〔立法〕素材の研究を遥かに凌駕するものである。それは，社会史および理念史を含め，政治史を全体として取り込まなければならない。**歴史学的解釈とは，法規の成立を規定した諸々の歴史的要素**［geschichtliche Elemente］**全体の助けを借りた解釈のことをいう**のである。

〔4〕また，法律学においても，発生学的解釈と並んで，**「技術的」解釈**が現れる。すなわち，その実質的意義［Sachbedeutung］に基づく法文の理解である。

このような実質的意義とは，法律学上の原則［eine juristische Regel］においては，**人間の共同生活上の問題についての正当で合目的的な秩序**としてのその法律学上の原則の意味である。解釈はこのような〔人間の共同生活上の問題についての正当で合目的的な秩序としての〕意味を捉えるように努め，かつその意味を発展させなければならない。しかし，その目的のために解釈は，それ自体がまさに正義ならびに秩序づけられるべき客観的問題について何がしかのことを知っている，という立場にあるにすぎない。ここでは，正義の視点に関する知識，また，望むならば，自然法に関する知識が，法律学的解釈の必要不可欠の基礎である，ということが示されている。**解釈は，法規それ自体とちょうど同じように，正義に奉仕しており**[18]，正義の諸原則は実定法の解釈に現れるのである。

伝統的な解釈においては，この思想〔正義の諸原則が実定法の解釈にも現れるという考え方〕は，「**法の理性**」(Ratio legis) という概念の下に現れる。**法の理性は，規範の下に存在し，それを有意味な，すなわち，まさに正当かつ合目的的な規制にする客観的目的である**。それゆえに，法の理性においては，法規の実用主義的ならびに倫理学的な基礎が現れている[19]。法の理性は，立法者の意思の歴史学的研究に基づいて，しかしまたそれとちょうど同じ程度に体系的および実質的関連性に基づいて，それゆえに客観的な解釈という方法をもって，探求することができる[20]。この解釈の仕方は，社会学的法律学という枠組みの中では，社会的な基本的所与——例えば，権力状態［die Machtlage］——に基づいて規範というものが説明されるときに現れる。このことはドイツの法律学の範囲内では，とりわけ，ミュラー・エルツバッハ［Rudorf Müller-Erzbach, 1874-1959］が行ったとおりである。それゆえに，技術的解釈は，歴史学上の立法者には必然的に関連づけられることなく，規範についてのありうる社会学的および価値論的意味に直接に着目するものである。

　このような思想との関連において，法律学的テクストはそれが現実的なものとなる可能性に従って解釈されるべきであるという——とりわけ，契約解釈において重要な——原則が存在する（これはいわゆる「有用な効果〔実効性〕」の原則であり，「物事は無効とされるよりは効果をもった方がよい」(ut res magis valeat quam pereat) ということの中にもまた定式化されている）。この原則は，そのような法律学的テクストの背後には純粋な「理性」が存在するに違いないという思想，すなわち，まさにそうした法律学的テクストは有意味で合目的的な規制を含んでいるはずであるという思想に基づいている。それゆえに，解釈はテクス

トについてそのように理解する方法を発見してきたものであるといわれている[21]。ちょうどそのようにして，「信義誠実」［Treu und Glauben］に従った解釈という見方——それは再び契約法においてとりわけ特別な意味をもち，すべての補充的解釈がそれに基づいている見方——は，法的な規制というもの［eine rechtliche Regelung］が正当な秩序においてその意味をもつという基本思想と直接に関連しているのである。

　法の理性に従った解釈は，解釈についてのいわゆる**客観説**の本来的な基礎である。客観説は，法規の素材〔立法者意思等〕に立ち返って見直すことは正しくないとみなしている。それゆえに，**客観説は歴史学上の立法者の意思ではなく，「法規それ自体」の意思を重視する**のである。「法規の意思」についての理論を展開した論者たちの意見をつぶさに考察するならば，ここでは，基本的には，標準的な解釈上の見方としての法規の実質的意義のことが述べられている，ということがすぐさま明らかになる。私は，ドイツの文献から，2つの見解，すなわち，ビンディング［Karl Lorenz Binding, 1841-1920］の見解とコーラー［Josef Kohler, 1849-1919］の見解のみを引用する。

　一方で，ビンディングはつぎのように述べている。

　「立法者の意思の代わりに，法体系全体の構成要素としての1つの法規において見出された**法律意思**［Rechtswille］を，その内容，権威，およびこの命題の解釈の目的としての意図された効果に従って表現することの方が良いのである。」[22]

　そして，ビンディングはこのことを，以下のように述べることによって説明している。

「法規は，理性的に解釈する民族精神がそこ〔法規〕から引き出すことを考え，意欲している。」

理性的に解釈する民族精神！ それは，すなわち，つぎのことを意味する。つまり，**客観的な解釈**［die objektive Auslegung］**は法規の理性**［die Vernunft des Gesetzes］を，それゆえに**法規の内在的な実質的関連性**［Sachzusammenhang］，**内在的な実質的目標**［das innere, sachliche Ziel］を捉えるものである。

他方で，コーラーは[23]，法規の解釈の客観説を以下のように展開した。

「思想が私たちの意思の完全なとりこであり，かつ私たちが意欲したことのみを実現すると述べることは，しばしば〔行われる〕誤解であるが，その一方で，しかしながら，**思想は意思に対して完全な自律性をもち，しばしば意思の射程範囲を超越する**のである。思想がそのような広い背景をもつということは，またもや私たちの思想がたんに個人的なものであるのみならず，社会学的なものでもあるということに基づいている。私たちが思考することは，たんに私たちの営みであるというにとどまるものではない。それは何やら終わりのないものであり，何百年，何千年の思想の営み［Gedankenarbeit］の所産である。この所産は不断に数多くのものと関連性をもち，それは主観的に思考する者が感じ取ることのない理念内容を様々な概念において指し示している。」

これらのコーラーの文章は，数多くの観点において，シュライエアマッハーの見方に対する例示の意味をもつ。それは，言語は現代よりも前の世代の客観的認識を保存しているが，しか

しまた，言語は解釈学［Hermeneutik］の枠内において超越的意義という見方が意味することをも明確に示しているというものである。すなわち，明白に表明された思想の中には，著者が信じ，または認識したよりも多くのものが存在しうるということである。

〔5〕最後に，法律学的方法においても，**比較する手法**がその居場所をもっている。それは，おそらく決疑論的法思想において最も明確に現れる。すなわち，諸々の事案と先例を比較する英米の法律家は，比較する手法をとくに頻繁に用いている。しかしまた，ヨーロッパ大陸の制定法［Gesetzesrecht］にとっても，比較法は19世紀以来確固たる意義を獲得したのである。比較法は，一定の秩序問題——例えば，現代的な例を挙げるとすれば，製造物責任——から出発し，様々な〔国家の〕法秩序がそれ〔製造物責任〕に関して見出した解決方法を集成し，ならびにその解決方法の実務における検証を分析することにより，それ〔比較法〕は自国の法規の特色を明らかにするだけではなく，合目的的または非合目的的な問題解決としての自国の法規の内在的価値に関する判断にまで及ぶこと，それゆえに自国の法規の客観的内容をより明確に把握することをも可能にする。

今ここで論じられた様々な〔解釈方法論上の〕観点（前述〔1〕～〔5〕）はどのような関係に立つのだろうか？　一般的解釈学［Hermeneutik］は，すでに説明したように，いずれの観点も無視することが許されない，という帰結に到った。一般的解釈学は，むしろ，様々な手法〔による結論〕が収斂すればするほど，それゆえにそれらが同じ解決に通じれば通じるほど，解釈の帰

結はより確実なものであるとみている。同様のことが法律学にも当てはまるであろうか？　一方または他方の解釈的観点を排除するという試みがなかったわけではない。**客観説は歴史学上の立法者の動機への回帰を，まったく許容できないとはいわないものの，余計なものであると述べている**。19世紀ドイツの学説は，法の理性［Ratio legis］への回帰を，部分的に，立法者がそれ〔法の理性〕を明示的に確認した場合にのみ許容されているにすぎないものとみなした。19世紀ドイツの学説は，解釈者〔の活動〕を文法的－論理学的な解釈に制限しようとしたのである[24]。しかしながら，経験が示すように，実務は，所与の法規のテクストから意味を獲得するために，絶えず繰り返し，そのような抑制的原則を無視し，折に触れて利用可能なあらゆる解釈方法論上の観点を利用してきたのであり，このことは，たとえ特定の解釈方法を表明する判決が存在する場合であっても〔そのようにしてきたの〕である[25]。それゆえに，法律学においては，解釈学［Hermeneutik］一般に関して妥当するのと同じ原則が当てはまることが示されている。すなわち，**原則として，解釈者はすべての解釈規準［Auslegungscanones］を尊重することができるし，かつ尊重すべきである**。〔もっとも〕それらすべての解釈規準を貫徹することが必ずしもつねに可能なわけではない。例えば，一定の原則に関しては素材が立法者の意図に関する十分な手がかりを提供していない場合には，この原則の部分についての歴史学的解釈は放棄しなければならない。選択された法文の規定の仕方が多義的である場合には，一般的な言語の使用法または文法的な規則に従っても目標に到達しないであろう。しかしながら，最初から排除されるべき方法は存在しない。また，上記の原則は，複数の解釈方法論上の観点が相互に関連

し——例えば，価値論的解釈と歴史学的解釈〔の相互関連〕のように——，相互に支え合っている状況にもおいても当てはまる。

　とりわけ，**法規の解釈に際して，法規の編纂者の見解を探求しようと努力する歴史学的方法を排除すべき理由は存在しない**。たしかに，**法規の適用が永久にこのような法規の編纂者の見解に拘束されうるわけではない**。そのようなことは，法秩序が〔絶えず変化する経済・政治・社会状況に対して〕不断に適応すべき必要性およびそれによる正義〔の維持・実現〕に矛盾することになるであろう。しかしながら，**歴史学的解釈は，それが可能な場面では，まず最初に確固とした出発点をひとまず私たちに与えてくれるのである**。それは，立法者（または先例の形成に関わった裁判官）がどのような事案構成を念頭に置いていたか，そして，どのような価値観点から出発したかを私たちに示している。その際に，歴史学的解釈は，私たちが法規の解釈によって〔立法当時からは変化した現在の〕実質関係に適合させられるということがなおも可能なのか，あるいは法規のさらなる形成〔立法〕へと踏み出さなければならないのかについて判断するための，明確な基盤を付与するものである。

　社会的秩̇序̇について意味のある命題として，および秩序問題に対する解決方法として法規のテクストを把握する必要性に対してのみ，一定の優先権を与えることが許されるであろう。このような問題設定が，論理学的－文法的解釈および歴史学的解釈を支配しなければならない。後者は，歴史学上の立法者の秩序観念，その正当かつ合目的的な利益秩序に関する直観を理解することに向けられなければならない。イギリスの解釈は，立法者が何らかの理性的なものを欲したということに有利な「推

定」について述べている。その限りで，実質的意義に従った解釈（シュライエアマッハーの技術的解釈）に一定の優先権が帰属するということがおそらく可能である。なぜなら，法律学的解釈は，裁判官が法規を適用することを助けるために役立つからである。それは，裁判官に対し，法規が含んでいる判決文を明確にするべきである。このような課題が解釈全体を規定しているのである。

その他の点では，法律学的テクストの解釈の進め方は，あらゆる解釈に際して見出される解釈の進め方と異ならない[26]。すなわち，解釈者は，まず最初に，疑問のあるテクストの箇所について成立可能な意味に関する様々な仮説を形成する[27]。つぎに，解釈者は，ここ〔本章〕で概説的に論述された様々な〔解釈方法論の〕観点に従ってテクストを研究し，どの仮説が最も支持されるものとして証明されているか，ということに従って考量する。それゆえに，このような解釈手順は，一般的にいえば，全体として**トピク的性質のものである**[28]。そこでは，**法律学的解釈の様々な規準は，事物**［Sache］**との交わりにおいて生じた経験的命題である**，ということが強調されるべきである。すなわち，「**経験の上に基礎づけられた公理**」である[29]。このような解釈手順は，それゆえに，信頼できる標準的な〔解釈方法論上の〕観点の適用を意味するのである。

III 法典の解釈・注

1 前述Ⅰ章を参照せよ。
2 もちろん，先例の分析も解釈（Auslegung）である。しかし，それは

ここでは考慮の外に置くものとする。
3 他の精神的成果物の解釈に際しても，例えば，造形美術の領域においてもまた，まったく類似した観点が妥当するに違いないということも，おそらく正しい。しかし，私はここではテクストの解釈およびそのために発達した諸原則に限定したい。
4 私はここでは，私の講演「法律学的な解釈方法論と一般的な解釈学の理論」（1959年）において詳論したことに依っている。
5 *Staiger*, Kunst der Interpretation (1955), S. 11.
6 ちなみに付言すれば，法制史は，おそらくこの洞察の正しさに関する明確な例証材料を提供するものである。私にとっては，一定の文章，例えば，マグナ・カルタといったもの，およびこれらの文章がイギリスの歴史において獲得した自ら変容しつつある意義を思い起こすだけで十分である。たしかに，例えば，ピューリタンとイギリス国教会との対決においてこれらの文章に与えられた一定の解釈は，原初的解釈，つまり，中世におけるこれらの文章の著者の念頭に浮かんだ解釈ではなかったということができる。にもかかわらず，こうした後の時代の，原初的解釈からかけ離れた解釈もまた，その文章の意味との一定の関連性をつねに維持した，ということを否定することができない。私たちはさらに，まさに法学の領域における解釈に関する超越的意義についてのこの観点が，非常に大きな意義をもつことをさらにみるであろう。
7 *Celsus*, Digesta 1. 3. 24〔巻末【学説彙纂】参照〕.
8 このことの必要性に関しては，とりわけ，*Perelmann*, Über die Gerechtigkeit (1967), S. 53 ff. を参照せよ。
9 *Paulus*, Digesta 32. 25. 1〔巻末【学説彙纂】参照〕を参照せよ。ドイツの判例はこのことを確認している。RGZ〔ライヒ最高裁判所民事判例集〕158, 124 を参照せよ。国際法におけるこの判例の意義に関しては，*Lauterpacht*, "De l'interprétation des traités", Annuaire de l'Institut du Droit International, Session de Bath (1950), S. 366 ff., とりわけ，S. 377〔を見よ〕。
10 そのように述べるものとして，例えば，スイスに関しては，*Meier-Hayoz*, Der Richter als Gesetzgeber (1951), S. 42, また，国際法に関して，*Lauterpacht*, a.a.O., S. 387〔を見よ〕。
11 前述Ⅱ章1節におけるローマ時代の法律学に関する考察を参照せよ。
12 *Savigny*, System des heutigen Römischen Rechts I (1840), S. 213 を参照せよ。
13 例えば，サヴィニーは，ヤーコプ・グリム（Jakob Grimm, 1785-1863）の推敲の後に，ヴェーゼンベルク（Wesenberg）によって編集された「法学方法論」において，この考え方を強調している（*Savigny*,

„Juristische Methodenlehre", hrsg. von Wesenberg, 1951, S. 27)。この考え方は、制定法に関するイギリスの解釈理論において今日もなお役立っている。例えば、*Maxwell*, On the Interpretation of Statutes (11. Aufl. 1962), S. 20-22 を参照せよ。

14 例えば、*Heck*, Gesetzesauslegung und Interessenjurisprudenz, AcP 112 (1914), S. 95 f. を参照せよ。

15 これについては、*Forsthoff*, Recht und Sprache (1940), S. 46 を参照せよ。

16 *Maxwell*, a.a.O., S. 26 を参照せよ。

17 これについては、後述 S. 48 ff. (5. Aufl., S. 274 ff.) 〔を見よ〕。

18 これについては、*Kriele*, Theorie des Rechtsgewinnung (1967), S. 172 を参照せよ。また、„Die juristischen Auslegungsmethoden und die Lehren der allgemeinen Hermeneutik" (1959), S. 22 ff. における私の考察、およびとりわけ *W. Burckhardt*, Methode und System des Rechts (1936), S. 15, 19 も〔参照せよ〕。

19 これについては、*Du Pasquier*, Les lacunes de la loi et la Jrisprudence Suisse sur l'Article 1er CCS (1951), S. 73 による詳論〔を見よ〕。

20 スイスの判例においてまさにこの観点に帰属する重要な役割に関して、*Du Pasquier*, a.a.O., S. 73; *Meier-Hayoz*, a.a.O., S. 44 f., 136 を参照せよ。

21 国際法におけるこのような原則に関しては、*Lauterpacht*, De l'interprétation des traité, a.a.O., S. 412 ff. を参照せよ。

22 *Binding*, Handbuch des Strafrechts I (1885), S. 456.

23 *Kohler*, Lehrbuch des Bürgerlichen Rechts I (1906), S.123.

24 *Savigny*, System des heutigen Römischen Rechts I (1840), S. 214-218; *Windscheit*, Lehrbuch des Pandektenrechts (6. Aufl. 1887), S. 60.

25 ドイツの連邦通常裁判所の判例に関しては、*Larenz*, Methodenlehre der Rechtswissenschaft (1960), S. 237 f. による確認を参照せよ。国際的な法廷に関しては、*Lauterpacht*, a.a.O., S. 371 〔を参照せよ〕。

26 *Coing*, Grundzüge der Rechtsphilosophie, 2. Aufl., S. 94 ff. (5. Aufl., Kap. II Abschn. II) を参照せよ。

27 *Kriele*, Theorie der Rechtsgewinnung (1967), S. 163 ff. は、「規範仮説」について述べている。

28 正当にもそのように述べるのは、*Viehweg*, Topik und Jurisprudenz (3. Aufl. 1965), S. 59 である。

29 *Herbert* Kraus は、*Lauterpacht*, De l'interprétation des traités, Annuaire de l'Institut de Droit International, Session de Bath (1950), S. 445 に対するその意見表明において、そのように述べている。

IV

法規の適用

1. 解釈と適用の関係

　法規の解釈はその適用に役立つ。私たちは，この見方が法律学的解釈の行程をすでに規定していることをみてきた。法規の命題を社会的問題，とりわけ社会的紛争〔を解決するため〕の秩序として理解するという，法律学的解釈の目標が，その他の種類のテクスト理解と対照的なものであるならば，そこには法律学的解釈が法規の適用を準備すべきものである，という表現が当てはまる。法に関する学問的作業——ある1人の著名なドイツの学識者はそのように定式化した——は，**裁判官のために裁判規範**［Entscheidungsnormen］**を用意する**という課題をもつのである[1]。

　このことは，個別的には，理念型的な事案では，法律学的解釈が個々の法文に関して，**どのような現実生活の事案群に当該法文が適用可能であるのか**，また，**どのような事案群にはそれが適用可能でないのかを確定する**，ということを意味している。このような目標は，現に完全には達成することができないであろう。しかしながら，その場合でも，解釈は3つのことを達成するように試みなければならない。〔第1に〕解釈は，**当該法文が確実に意味する典型的な事案群を挙げなければならない**。〔第2に〕解釈は，**「限界事案」**について，すなわち，それらが当該法文の下でなおも引合いに出されるべきか否かを疑うことができるような事案群について，態度を決定しなければならない。そして，〔第3に〕解釈は，既述のような諸々の解釈方法論の観点の助けを借りて，法文およびその個別的諸要素の意味を明確にすることにより，**明文をもって**［expressis verbis］**扱われていない事案群において，当該原則が適用可能であるかどうか，裁判官が判**

断できるような状態にしなければならない。このことは，大抵の法文は一定の事案群に関して展開されたものであり，これらを念頭にいわば鋳造されたものではあるが，しかし，同時に，それ以外の事案群にも可能な限り適用することができる，ということから明らかである。ルウェリン［Karl Nicerson Llwellyn, 1893-1962］は，具象的に分かりやすい形で，法文の「核」と「限界領域」について述べている[2]。文献の種類としては，そのような〔第3の〕解釈は，とりわけ注釈書において発達しているのに対し，体系的な，とくに教科書的な叙述は，むしろ第1および第3の〔第2の〕課題にとどまっている。

2. 包摂としての法規適用

[S. 38/ S. 274]

しかしながら，**法規を適用することが何を意味するのか**，ということに関しては，歴史上非常に様々な見解が主張されてきた。それらの見解がその時々に支配的であった法に関する哲学理論の影響を受けてきたことは，容易に理解することができる。

現代のドイツにおいて——そして，ヨーロッパ大陸の他の多くの国々において，といっても過言ではないが——支配的な見解は，啓蒙時代に成立し，19世紀の立憲国家において支配的となった現象との対決の中で発展した。その見解によれば，法適用は論理学的作用において成立する。裁判官は生活上の事実関係を，法規の抽象的な要件の下に包摂し，そして，この〔法律〕要件に付属させられた法律効果を具体的な事実関係に適用する。法適用は論理学的な推論の形式で行われる[3]。このよう

な見解によれば，法の解釈が文法的－論理学的な方法に制限されるように，法規の適用もまた論理学的推論にすぎないものとなる。このような見解が正しいとするならば，司法においては法規の支配が人間に対する人格による統治を完全に脅かすことになったであろう。そして，このような状態を達成しようという望みが，この理論の背後においても成立したのである。私たちは，このような捉え方の例をフランスの註釈学派の記述に見出した[4]。私はこれに対し，概念法学が類似の帰結に到達したということを，そこでは法規の代わりに「概念体系」が支配しているということだけを，付け加えるにとどめる。

[S. 39/ S. 275] ## 3. このような見解に対する批判

このような見解に対する批判が，様々な問題点に関して現れた。まず最初に，法規の諸要件を構築する基盤となる諸要素を正確に分析することにより，けっしてつねに同じ方法ではその中に「包摂する」ことのできない，様々な種類の概念がここでは問題である，ということが示された[5]。たしかに，成年（ドイツ民法2条）のような概念に関しては，こじつけの解釈をすることはできない。ある者は満21歳〔現行ドイツ民法2条では成年年齢は満18歳〕になったか，あるいはなっていないかである。しかし，法規が，例えば，樹木，暗闇，夜などのように**一般的観念に及ぶ日常言語で用いられる言葉**を使用している場合には，その法規の適用に際しては，この種の一般的観念は正確に定義されず，場合によっては，著しく不明瞭なものを示している。そうした一般的観念が限界事例に当てはまるかど

うかは，その他の目的論的考量に基づいて探求されなければならない。法規が信義誠実，卑劣な動機およびそれと類似したもののような価値概念を指し示している場合には，事態は再び異なってくる。ここでは，何が信義誠実の要件を満たすかは，特定の状況における行態に関してのみ示すことができるのであり，しかも，そこでもなお確定的に示すことはできないがゆえに，「包摂」はすでにその他の方法で行われている[6]。そこでは，自己の価値感情に訴えかけることなしには，「包摂」はまったく行うことができないであろう。そこで，法規によって用いられた様々な概念をより詳細に分析すると，**いわゆる法律学的包摂**［juristische Subsumtion］つまり，法規上の要件を生活上の事実関係に適用することは，例えば，個々の植物をリンネ［Carl von Linné, 1707-1778］の体系のカテゴリーに分類するのとは，違った方法で行われている，ということが分かる。**法律学的包摂は純粋論理学の作用ではない。合目的性の考量および価値の考量**は，法規自体が引き合いに出す様々な概念によっても遮断することができないのである[7]。

　さらに，**法そのものについての観念が変わったことが，法適用の理論に対しても影響を与えている**ことに注目すべきである。イェーリングは，かつて概念法学から離反したときに，つぎのように記している。

　「法律学を法の数学に昇華させようと考えている，論理学に対するかの全面的な崇拝は，過ちであり，法の本質についての誤解に基づいている。生活が概念のためにあるのではなく，概念が生活のためにあるのである。」[8]

イェーリングは今度は論理学［die Logik］を**目的**［der *Zweck*］に置き換えた。このことは，法適用についての見解を変更することにも通じたに違いない。**目的論的考量が法規を規定するときには，それは明らかにその適用に際しても規準となるに違いない**であろう。それゆえに，利益法学の本来の創始者であるヘックが，**「立法者の助手」としての裁判官に法規への「考えつつ行う服従［denkender Gehorsam］」を要求した**ということは，必然的な帰結にすぎなかったのである。

それに従って，裁判官は，命令を遂行すべき士官とちょうど同じように，論理学的な推論作用に制限されるということは，あまりない。むしろ，裁判官は，立法者の利益決定を具体的な状況に適用しなければならず，それゆえに，単純に「包摂する」ことで許されるのではなく，裁判官が直面している諸々の利益へと分析し，そして，そのようにして確認された諸々の利益を，その裁判官の時代において立法者が行ったであろう利益評価に応じて**評価**しなければならないのである。

法規秩序の完全性というドグマに対する批判も，同じ方向に働いた。すなわち，ここでもまた第1に，裁判官の創造的活動が，法規における欠缺についての推論に際して，つまり，**裁判官〔による法〕の継続形成**に際して，問題になったときには[9]，裁判官の活動についてのもう1つ別のイメージが成立した。すなわち，**裁判官の判断形成における意思的要素および評価的要素の意義**が前面に現れたのである[10]。

このような方法で，**数多くの現実主義および自由法学派の著作者たちがあまりに遠くまで進んだ結果**，彼らは法規範の制御力を総じて否定し，判断の本質を自由で，感情によって条件づけられた決断の中に見出した。最も遠くまで行ったのは，数多くの

アメリカ的現実主義の主張者たちであった。ジェローム・フランク [Jerome New Frank, 1889-1957] にとって，裁判官の決断はまったく非合理的なものである。それは，心理学的に多種多様に条件づけることができる "hunch"，つまり，**思いつき**に基づいている[11]。ドイツ人であるイザイ [Hermann Isay, 1873-1938] にとっては，裁判官の決断は**価値感情を基礎にして生じる直観**に基づいている[12]。そのような直感が生じた後で初めて，そのような〔裁判官の〕決断が法規と比較され，法規によって基礎づけられる。このように比較することは，まず第1に，それ自体としては**直観的に見出された決断の統制** [eine Kontrolle] という意味をもつといわれる。そのような統制は，中でも，裁判官の決断を一般的に妥当するものとして証明することに役立つものといわれる[13]。ここでは，裁判官をその決断に拘束する可能性は，原則として，全般的に否定される。法規には，自分自身だけで自由に決断する裁判官の自己統制のための手がかりという意義だけが残っているにすぎない。イザイは〔このような〕彼の洞察を根拠づけるために，裁判官の実践に基づく広範な経験材料を引合いに出した。

　このような見方は，今度は明らかに客観的な所与に——たとえ**法規**にではないにせよ——再び出くわす方向へと，さらに発展させることができる。すなわち，最初は非合理的にみえる裁判官の反応は，**社会学的な所与，身分上の偏見，イデオロギー**と結びつけることができるであろう。これは，カール・シュミット [Carl Schmitt, 1888-1985] が，裁判官の職業，とりわけ，専門領域の裁判官の**標準的な直観**を裁判官の判断の基礎としてみたときに，追求した方法である[14]。**マルクス主義的法理論**は，このような見方をより正確に展開したものである。

このような見方の変遷に対しては，最終的には，少なくともドイツにおいては，判例がますますドイツ民法典の一般条項に立ち返り，同時に憲法の基本権の基礎に置かれた一般的な価値観念および秩序観念を発展させたということが，影響を与えずにはおかなかった[15]。というのも，その際には，**裁判官の判断が価値観念の現実化にも役立ちうる**ということが明白になったからである。

これらの見方のすべてが，法適用はたんに包摂としては捉えることができず，**目的に向けられた意思活動**という事象であり，その事象においては法規から引き出された諸々の評価が――それらが倫理的な性質のものであれ，実用主義的な性質のものであれ――決定的な役割を果たしている，という見解に通じている。裁判官は，事実関係を単純に秩序概念の下に論理的に組み入れなければならないわけではない。むしろ，裁判官は――目的論的に――，その目の前にあるとおりの事実関係に基づいて，法規上の原則がその倫理的および実践的な様々な目的に照らして適用することができるかどうかを問わなければならない。それに従い，裁判官は法規上の要件において用いられている一般概念をも解釈しなければならないのである。

[S. 42/ S. 278] ## 4．裁判官と法規

問題のこのような展開に直面したことにより，2つの問いが提起されなければならない。〔第1に〕法の適用について語ることが，そもそも一般的に意味をもつものであろうか。そして，〔第2に〕私たちがこの〔第1の〕問いを肯定する場合

に，法の適用に際してどのような方法に従うべきであろうか。

　第1の問いは，イザイとフランクが提示したような理論によって不可避的なものになった。それによれば，裁判官の決断は感情と直観に基づいている。それゆえに，裁判官の決断は法規から捻り出すことはできない。法の「適用」については本来的には語ることができない〔ことになる〕。この理論が一般的な見解に基づく限り，すべての価値判断は非合理的な性質のものであることになってしまう。〔しかし〕私たちが別の箇所でこの問いに関して展開した見方に立ち返ることができる[16]。そこで示されたように，一定の行為態様が一定の目的を達成するために意味があることを私たちが確認する諸々の判断（それゆえに目的－手段関係の枠内における価値判断）を合理的に根拠づけることが可能であるのみならず，倫理学的判断に関しても，それが合理的論証によって正当化することができる限り，このことが当てはまる。しかしながら，かの理論〔裁判官の決断は法規によって操作することができず，法の「適用」については本来的には語ることができないという理論〕が裁判官の判断に伴う特別の経験に基づくものである限り，それは現実によって基礎づけられたものとはならない。たとえ最初は裁判官の決断に直観があるとしても，しかしこの直観は裁判官によって——法律家によって一般的にそうされるように——法規，理論の帰結，先例[17]に照らして審査される。そして，裁判官は，最初は直観的に発見された原則について，それに従って事案について決断を下そうとしても，そこでは〔法規を〕確認できないと認めるときは，通常はその見解を修正するであろう。それゆえに，**直観的に発見された原則についてのこのような統制は，単なる合理化以上のもの**である。すなわち，この統制は，直観的に発見された原則を

法規に照らして審査することであり，場合によっては最初に採用された解決の放棄へと通じることもある。しかし，それによってその統制は法規と結合し，**このような事象全体が法適用になる**のである[18]。

さらに，イザイおよびフランクの理論においては，裁判官の決断が純粋な倫理的判断であるような場合においても，その決断の自発性というものが過大に評価されている。

たしかに，あらゆる純粋な倫理的判断およびあらゆる純粋な倫理的決断は，特定の状況に直面したときの倫理的感情の自発的な表明から生じるものである。そして，たしかに，倫理的な感覚自体は，元々は人間の中に組み込まれている。しかし，それは感化されえないわけではない。知性の文化のみならず，心情の文化も存在する。ちょうど美的な感性の教育と洗練が存在するように，**倫理的感覚を洗練し，私たちの中に組み込まれた倫理的力を強化し，私たちにその力の要求をより明確に意識させるような倫理的教化が存在する**。倫理的教化が行われることにより，私たちは過去の世代の倫理的経験に由来する特定の状況において，私たちの行為態様に関する特定の諸原則を，最初は多かれ少なかれ無意識的に受容し，しかし，次いで私たち自身の価値体験に基づいて内面的に理解し，自分たちのものにするのである。

裁判官に対する伝統的な法秩序の作用は，今日では個々人が感じることに対する倫理的伝統の影響に相当するものである。法はその諸原則において，多くの世代の倫理的経験を含んでいる。法においては，何百年にもわたり社会生活の一定の状況に照らして正当かつ自由であり，信頼できかつ正直であると評価された人間を正しいと認めた決断が基礎になっている。法の諸原則は，

倫理的経験や法思想を再現している。それゆえに、法の取扱いは、法律家の倫理的感情に対し、洗練された、教化的な影響力を及ぼしている。法律家にとっての法が立脚する諸々の価値、すなわち、正義、自由、信義誠実といったものに対する感情は、法律家の中でとりわけ活発になる[19]。したがって、真の法律家の法感情の反応に由来する直観的決断もまた、彼らの法秩序に対する評価によって予め形づくられているであろう。

　さて私たちが法適用に際して遵守すべき手順の問題に立ち向かうとするならば、法の意味についての私たちの観念は、私たちがどのような答えを〔この問題に〕与えるべきかということに影響を与えずにはおかない、ということが明白である。ここでは、実定法というものが正義に叶い、かつ合目的的な社会秩序をつくり上げる試みとして捉えられるべきである、という見解が発達した。この場合には、法秩序の適用もまた法秩序自体のこのような〔正義に叶い、かつ合目的的な社会秩序をつくり上げる試みという〕意味に対応しているに違いない。法秩序の適用は、法規の基礎にある正義思想および目的思想を具体的な事案の解決に当てはめ、それらに従って事案を裁判するという課題をもっている。そのためには、要件の個々の要素が、規範において定式化されているように、所与の事実関係において、それらの要素の字義上の意義といったものに従って現実化されるかどうかを審査することに制限されているような包摂手続では、おそらく十分ではないであろう。このような形での包摂手続は、法規上の要件自体がまさに評価観点の下で形成されているがゆえに、間違っているに違いない。リッケルト〔Heinrich John Rickert, 1863-1936〕が私たちに教えたように[20]、諸々の現象をその各々が意味のある形に分類し、諸々の種類概念をその各々

が意味のある形に構成することの中に，理論というものが存在しているに違いないとすれば，この理論は，法規範の場合には，まさに特定の現象を価値観点の下へ統合することにほかならない。それゆえに，今度は要件の中に現れる言葉の定義，および包摂に際して現れる疑念の解消もまた，まさにほかならぬこのような価値観点の下で行われなければならない。

しかし，ヘックが述べた「考えつつ行う服従」はすべての事案において同じようには十分ではない。法規上の原則をもって一定の実践的目的が促進されるべき場合，例えば，政府の補助金に関する法規の下で，したがって，実践的性質の法規の下で，一定の経済的発展が促進されるべきである場合においてのみ，そのような考えつつ行う服従も十分なものでありうる。しかしながら，**法規が正義の考量に立脚する場合には，事情は異なる**。その場合には，法規の適用は，裁判官が具体的な要件を前にして法規の評価を繰り返し，それに従って裁判官が決断を行うということを求めている。その場合，法規の適用はそれゆえに裁判官が自分自身の中で活性化された〔生きたものとして実感している〕価値観念を働かせることなしには達成されえない。

ここでは，エーリヒ・カウフマン［Erich Kaufmann, 1880-1972］が印象深く表現したように[21]，**法規の客観的倫理性と裁判官の人的エトス〔倫理観〕が結びついているのである。このような人的要素なしには法の実現ということはない**。なぜなら，**実現するということは生きたものにする**ということだからである。

もちろん，ここには危険も横たわっている。法規の評価を活性化する〔生きたものとして実感する〕ということに，裁判官は成功するであろうか。裁判官はその個人的評価を〔法規の評価に〕置き換えるのではないか。ここには，——換言すれば——

裁判官身分のイデオロギーが浸入する割れ目が存在するのではないか。誰もこうした危険を否定することはできない。しかしながら，**法規の基礎にある諸々の価値の合理的な内容を引き出すことはますます重要である。なぜならば，そうすることによってのみ，裁判官は自らをコントロールすることができる状態に置く**ものだからである。おそらく，このような状況においてはじめて，**正義の理論を獲得しようとする努力の意味**が十分に明らかになるであろう。そのような努力によってのみ私たちは，**一方では主観主義を予防し，しかし他方では，イデオロギー批判における価値観からの解放にも出会うことのできる場所**に身を置くことができるのである[22]。

結論として，私はそれゆえに前述のように特徴づけた**目的論的な法適用**［teleologische Rechtsanwendung］という方法に到達した[23]。その方法は，価値批判的な方法［wertkritische Methode］とも表現されたものである[24]。

裁判官は，衝突した状態にある諸々の利益に照らして事案を分析しなければならない。そして，裁判官は立法者がそのような衝突をどのように評価したかを問わなければならない。そのことを裁判官は法規，先例，文献を手がかりにして探求するであろう。その際に裁判官は，法規上の諸要件を法規の評価に基づいて，したがって目的論的に理解するであろう。

このようなテーゼに対しては，おそらく異論もあるであろう。それは，実務においてはむしろ非常に多くの事案において，たとえほとんどがそうであったというのではないにしても，この種の正確な審査は行われてこなかったのであり，それどころかまさに単純な包摂が行われてきた，というものである。そのことは疑いようもない。すなわち，その種の問題がずっと以前か

ら認識されており，それに対してどのような原則に従って裁判されるべきであるかという問いが，法規および先例ならびに学問〔学説〕における法規の解釈によって解明されるような事案群が存在する。ここでは，裁判官は通常はこのような既存の作業の結果を利用することができ，かつ利用すべきである。このことは労力の合法的な節約であるのみならず，**同様の問題は同様に扱うべきである**という要請および法的確実性の要請にも適合する[25]。にもかかわらず，良い裁判官というものは何時になっても完全に熟練に従って問題処理を行うことは許されないし，そのようにすることはないであろう。裁判官は，ある事案が――一見したところそれが慣れ親しんだ事案であるように見える場合であってもまた――ここで叙述されたような例の〔様々な解釈方法論上の観点に従った〕手順という意味における一層正確な審査を必要としているところでは，そのような審査を行うことの意味を軽んじることはないであろう。

IV 法規の適用・注

1 *Heck*, Begriffsbilding und Interessenjurisprudenz (1932), S. 4 ff., 125 ff.
2 *Radbruch*, Klassenbegriffe und Ordnungsbegriffe, Revue international de la théorie du droit XII (1938), S. 52, 53 における，*Llewellyn* の „Präjudizienrecht und Rechtsprechung in Amerika" (1933) からの引用を参照せよ。
3 このような推論の論理学上の形態に関しては，例えば，*Larenz*, Methodenlehre der Rechtswissenschaft (1960), S. 195 ff. を参照せよ。
4 前述II章4節を参照せよ。
5 *Coing*, Grundzüge der Rechtsphilosophie, 2. Aufl., S. 271 ff. 〔5. Aufl., Kap. V Abschn. I. 3〕を参照せよ。
6 *Coing*, a.a.O., S. 99 ff. 〔5. Aufl., Kap. II Abschn. III〕を参照せよ。
7 この問題に関しては，*Larenz*, Methodenlehre der Rechtswissenschaft

(1960), S. 176 ff.; *Engisch*, Einführung in das juristische Denken (3. Aufl. 1964), S. 54 ff. における先駆的な叙述を参照せよ。
8 *Ihering*, Geist des römischen Rechts III (4. Aufl. 1888), S. 321.
9 これについては，後述V章を参照せよ。
10 これについては，例えば，*Bülow*, Gesetz und Righteramt (1885) を参照せよ。
11 *J. Frank*, Law and Modernmind (1930).
12 *Isay*, Rechtsnorm und Entscheidung (1929).
13 *Isay*, a.a.O., S. 248 を参照せよ。
14 これについては，*C. Schmitt*, Gesetz und Urteil (1912) を参照せよ。
15 これについては，*Coing*, Rechtspolitik und Rechtsauslegung in hundert Jahren deutscher Rechtsentwicklung, in: Verhandlungen des 43. Deutschen Juristentages (München 1960) II. S. B I ff. を見よ。
16 *Coing*, Grundzüge der Rechtsphilosophie, 2. Aufl., S. 112 ff. 〔5. Aufl., Kap. II Abschn. III. 5〕を参照せよ。
17 その〔先例の〕意義については，*Kriele*, Theorie der Rechtsgewinnung (1967), S. 258, 262 が指し示している。
18 裁判官の直観の問題については，その他の点においてもまた一層重要な著作である，*Scheuerle*, Rechtsanwendung (1952), S. 101 を参照せよ。〔第5版 —— 当該テクストについては，*Coing*, Grundzüge der Rechtsphilosophie, 5. Aufl, Kapitel V Abschnitt I を参照せよ。〕
19 法の倫理的な基本的価値を活性化させることを達成するということは，法教育の最初の目的でもあるべきであろう。
20 *Rickert*, Zur Lehre von der Definition (3. Aufl. 1929).
21 〔*Erich Kaufmann*,〕Gleichheit vor dem Gesetz in Sinne des Art. 109 der Reichsverfassung（帝国憲法109条の意味における法の前の平等），in: Veröffentlichungen der Vereinigung der Deutschen Staatsrechtslehrer, Heft 3 (1927).
22 *Kriele*, Theorie der Rechtsgewinnung (1967), S. 54 は，正当にもそのように述べている。
23 前述IV章3節を参照せよ。
24 *Germann*, Methodische Grundfragen (1946), S. 109 を参照せよ。
25 このことについては，とりわけ，*Kriele*, a.a.O., S. 258, 262 を参照せよ。

V

裁判官による法の継続形成

1. 歴史学的な事柄

啓蒙主義および19世紀に支配的であった学説は、法規が完全であるということを信じていた。それにもかかわらず立法者が見落としていたというべき事案に関しては、立法者自身による規制を保証すべきものとしての特別の手続が規定されていた。フランスの立法はこれに関しては、いわゆる必要的審理手続［référé obligatoire］を整備した。プロイセンにおいては、司法省への報告が規定されていた。それにもかかわらず、実際にはこれらの規制は明らかにどこでも遵守されなかった。遅かれ早かれこのような課題を解決すること、すなわち、**法規の欠缺または法規の不明確な規定によって生じた問題**を解決することは、裁判官に送り返されたのである。このことが最も明白に現れているのは、フランスにおいて名高い民法典4条によるものである。

「法律の沈黙、不明瞭または不十分を口実にして裁判することを拒否する裁判官に対しては、裁判拒否について有罪として訴追することができる。」

これに相当する基本原則は、法典化された法秩序を保有するすべての国家において通用している。

2. 裁判官の三重の課題

[S. 46/ S. 282]

その際,裁判官には**三重の課題**が課されている。すなわち,〔1〕裁判官は,その面前で主張されるあらゆる請求に対して裁判をしなければならない。裁判官は——古典期ローマの陪審員たちにとってそうすることが可能であったようには——,法規上の規範が見出されないことを理由に判決を下すことを拒否することができない。〔2〕他方で,裁判官は,法規に服従している。裁判官は,それゆえに,自分の前に持ち出された訴えを法規に基づいて裁判すべきである。〔3〕最終的に,裁判官は法規に基づいて裁判するのみならず,衡平かつ正当に判決を下すという宣誓によって義務づけられる。裁判官の活動は,アメリカ合衆国の最高裁判所の建物に彫刻された格言の下にある。それはすなわち,「法の下における平等な正義」[Equal justice under law] である。

しかし,経験からも分かるように,裁判官にとってあらゆる事案においてこれら3つの要求に同程度に従うことは不可能である。もちろん,裁判官は,立法者が想定していなかった事実関係に基づく請求がその面前で主張されるときは,訴えを法規のテクストに基づいて根拠づけることができないことを理由にして,端的にその訴えを却下することができる。しかし,その場合には,裁判官は,事情によっては,正当かつ衡平に裁判すべきであるという義務に反するであろう。

これに反して,裁判官がそのような場合において,事案を正当に解決するために,法規から離れるときは,裁判官は法規に従って事案を裁判すべきであるという義務に反するに違いないであろう。

この場合に提示される問題は，いわゆる**法規における欠缺の問題**である。法規における欠缺という問題であると理解されるのは，法規においてそもそも解決策がまったく見出されえない事案——そのような事案は比較的珍しいに違いない——だけではない。むしろ，立法者によってまったく，あるいは不十分にしか認識されておらず，そして，それゆえに法規において正当かつ事実関係に適合した解決を見出すことができないような問題が重要なのである[1]。

3. 欠缺問題と法律学的論理学

19世紀の法理論が，法秩序の完全性の理論という関心から，そのような法規における欠缺が現実には存在しないということを様々な方法で証明することを試みたことは，今日においては明らかである。

かつてこの目的のために，いわゆる法律学的論理学［die juristische Logik］を提供する可能性が提示された。それによれば，〔法規の〕欠缺が明らかになったとしても，より強力な〔より説得力のある，より良い理由のある〕論証［argumentum a fortiori］により，類推により，または反対推論［Argumentum e contrario］（特定の事項を表示することは，それ以外の事項を排除する意味である［expression unius, exclusion alterius］）によって補完することができる〔ものとされる〕。その際に，19世紀におけるドイツの概念法学は，とりわけ法規のテキスト自体を超えて発達した法律学的体系の中にはめ込まれた創造力を提示している[2]。法学によって展開された法制度という所与の概念に立ち返ること

は，ひょっとすると法規上の規制についての規範の在庫における個々の欠缺を補完することを可能にすることになるであろうといわれている。

　法規の制定，とりわけ法典編纂の時点からの時間的間隔が開いたことによって生じた法規におけるそのような欠缺に対しては，さらに解釈の客観説[3]が打開策を提供した。この客観説によれば，法規のテクストはその著作者の観念，すなわち，歴史学上の立法者の意図から解放されたものとして解釈されるべきであるから，現行法のテクストを法規の成立時の観念世界に基づいて理解するのではなく，解釈者自身の時代の観念世界に基づいて理解することが可能であった。その際には，法規は場合によっては立法者よりも賢いものでありうるとする学説も，この客観説の関連に属する。この学説は，換言すれば，まさに客観的な解釈に際しては，場合によっては，立法者が考えてもいなかったし，そもそも考えることもできなかった事案に対する解決策を法規から引き出すことができるというものである。このことは，場合によっては，比較的古い法規のテクストを解釈者自身の時代の必要性に適合させることを格段に容易にするということが明らかである。ここで私は，特定の物から生じた危険に対する客観的責任の意味におけるフランス民法典1384条の解釈を改めて思い起こすことが許されるであろう。

　しかしながら，このような当座しのぎの解決策に対しては，重大な疑念を主張することができる。類推またはより強力な〔より説得力のある，より良い理由のある〕論証［argumentum a fortiori］といったいわゆる法律学的論理の形態は，たしかに，一定の思考手続を描き出している。しかし，そこからはいつ一方の思考手続を適用し，いつ他方の思考手続を適用すべきであ

るかということが明らかではない。このことはとりわけ、**類推による推論**と**反対推論**［argumentum a contrario］の関係に当てはまる。私がある法規上の規則を、その規則の要件から乖離している事案に対し、類推の方法で運び込むべきなのか、あるいは私は反対推論［Umkehrschluß］を引き出すべきなのか、ということに関しては、ちょうど私が拡張的に解釈すべきなのか、制限的に解釈すべきなのか、ということに関する場合と同様に、それらに対する判断基準を法律学的論理学が私に提供することはできないのである。私はそうした判断基準を別の方法で獲得することを試みなければならず、実践的にはまず最初に法規の解釈［Auslegung］に立ち戻るように指示されるであろう。そうした別の方法による助けを借りて、法規における列挙が閉鎖的なものを意味したのか、あるいは例示的なものにすぎなかったのかを確定し、そしてそれに従って、反対推論（argumentum e contrario）が正当化されるのか否かを決断することがしばしば可能であろう。**拡張的解釈**または**制限的解釈**の問題もまた、私が立法者の意思を確認し、それを立法者が選択した定式化〔条文の文言〕と比較することができるときには、明らかにすることができる。その場合、私は通常は法規の解釈および法規の適用の領域にとどまり、欠缺問題を提起することはない。しかし、**類推**［die Analogie］の場合には通常はこれと異なっている。ある法規上の規則を類推の方法によって類似の事案に移転させることができるかどうかに関しては、解釈というものは通常は私に何も述べてくれないであろう。現実には、私はここで法規の執行者として——解釈された——法規の命令に従うのではなく、私はある規則の設定に際して規定されていない、または事実に適合する形では規定されていない事案のために、**法規において**

他の事案のために規定された規制を観点として，つまり，**結節点**として利用するのである。しかし，その際には，私はもはや**法適用の領域**にいるのではなく，ジェニー［François Gény, 1861-1959］が正当にも詳説したように，まったく異なる領分に，すなわち，裁判を受けるために待っている事案に関して通用する規則を探求する自由な研究の領域に，つまり，**法創造の領域**にいるのである [4]。

　いわゆる客観的な解釈方法が優勢だったことの一帰結である「時代に基づく」法規の解釈という方法に関しては，再びジェニーが正当にもつぎのことを指摘した。すなわち，そのような〔「時代に基づく」〕解釈方法は，その外観上の「客観的な」性質とは正反対に，法規の最も主観的で，最も恣意的な解釈というものに門戸を開いている，ということである。実際，大規模な法規成果物〔法典〕の解釈は，原作者〔立法者〕たちの思想から完全に抽象化され，今や再解釈されようとしている言葉のみに頼って行われ，それは随意のもの，まさに遊び事という性質をもちうる。――どの法律家もこの種の作業，とりわけその初期〔段階〕の作業を知っている。たしかに，――ストーン［Julius Stone, 1907-1985］がこのこととの関連で指摘したのであるが [5]――客観的な言葉の意味は一般的な言語の発展に伴って変容する。しかし，そのことだけでは，まだ法規上の思想を変更することまでも正当化するものではない。歴史学上の立法者が当該事案を見て決断したということを確認することができる場合にのみ，確固たる地歩が築かれるのである。随意による再解釈は**正統的**［legitim］であるとはいえない。すなわち，**正統的であるといえるのは，法学および先例における解釈のプロセスを通じて法規理解を漸進的に変更する場合のみ**である。そうした漸次

的変更は,例えば,一定の法規上の決定に徐々に比較的大きな ウェイトを置き,その他〔の法規上の決定〕については死文 〔空文〕[lettre morte]であると宣告するものである。しかし, その際には,私たちはまさに再び,**法規の適用と,〔法規の〕欠 缺を埋めることを通じた創造的な法の継続形成との,少なくとも限 界領域**にいるのである。

最後に,法規においては立法者自身が意識した以上のものが 規制的な内容に付着しうるという思想に関しては,私たちはこ こで 1 つの現象を目の当たりにしている。すなわち,その現象 とは,精神科学にもまたよく知られているものであり,解釈者 は場合によってはテクストをその著者自身よりも良く理解して いるという慣用句の下で知られている[6]。

こうしたボルノウ[Otto Friedrich Bollnow, 1903-1991]の研究 に従い,この命題が正当化される諸々の事案については,法規 においては通常は思想の動揺が完全に落着することはなく,法 規において用いられた思想がその完全な帰結において把握され, 発展させられることはないという命題が所与のものであろう。 その結果,今や法規を適用する者が,そのような思想をその完 全な意味において展開する可能性をもっている。例として,ド イツ民法典における信頼責任の思想を挙げることが許されるで あろう。たしかに,ここではそれゆえに,解釈上の可能性が存 在する。しかしながら,この〔解釈上の〕手続をまだ**法規の単 純な適用**の一段階に位置づけることができるのか,むしろ**立法 者が想定していなかった事案に関する原則を発見するために,法規 の継続形成がここでも再び存在するのではないのか**が,再度問わ れうる。

正確に吟味すれば,この問題を肯定すること〔法規の継続形

成の存在を認めること〕は避けることができないであろう。裁判官たちが，彼らによって新たに発展させられた諸原則を法規に基づいて正統化し，それゆえに単なる法規解釈の帰結として叙述する傾向をもつことは，彼らの地位に適合し，彼らの名誉になることではある[7]。しかしながら，法学は物事をその本質に従って区別しなければならないのである。

4．裁判官による欠缺の解決

[S. 50/ S. 286]

今や時を経てしまった法典編纂をかつては意のままにしたおそらくすべてのラントにおいて，たとえ包括的に構想された法典編纂であっても，それが欠缺を露わにしており，これらの欠缺は裁判官によって補完されるべきであるという認識が，おそらく行きわたっていたに違いない。

ドイツにおいては，このような認識は最初に19世紀末の個々の業績によって開拓され[8]，極端な形としてはいわゆる自由法学派によって主張された。カントロヴィッツによる闘争の書である『法学のための闘争』[Der Kampf um die Rechtswissenschaft][9]においては，いわゆる法律学的な推論論理学[Schlußlogik]に対する痛烈な批判が行われ，その批判によって当時の通説は，法規における欠缺の問題を，もはや解釈からはかけ離れたものによって解決しようとしたのである[10]。そこでは，つぎのように述べられている。

「われわれは，裁判官はその宣誓により，法規の明白な文言に従って裁判することを義務づけられているがゆえに，そのように事

案を解決することを要求する。〔しかしながら、〕裁判官は、第1に、法規が裁判官に疑義のない判断を提供していないとみられるときには、ただちにこの法規の明白な文言から離反することが許されるし、また離反すべきである。第2に、裁判官の自由な、かつ良心的な確信に照らしてみた場合に、裁判の時点で存在している国家権力が、法規が要求するように判断したであろうとは考えられないときにも、裁判官はこの法規の明白な文言から離反することが許されるし、また離反すべきである。両方の場合において、裁判官は、その確信に従い、現在の国家権力が、個々の事案をその念頭に置いていたならば行ったであろうような裁判をすべきである。裁判官がそのような確信を確立することができないときは、裁判官は**自由法**［freies Recht］に従って裁判すべきである。」[11]

その際に、カントロヴィッツが**自由法**〔という概念〕の下で理解していたのは、**非国家的法**、それゆえに**国家的な法設定および国家権力に依存しない法**である。カントロヴィッツはこれに属するものとして、とりわけ**裁判官によって創造された法**もそれに数え入れたのである[12]。

法規の適用領域については、それを可能な限り限定する傾向のあることが明白であるゆえに、この〔カントロヴィッツの〕立場は極端なものである。自由法は、法典化された法が支配的な国〔ラント〕においては度の過ぎたものであることは疑いがなかった。過度なものはまた貫徹されもしなかった。しかし、おそらく時間が経つうちに、法典化された法においても、裁判官が補完することができ、またそうすることが許される欠缺というものが存在するという認識は、次第に受け容れられた。その際に大きな影響を与えたのが、**スイス民法典1条の著名な定**

式である。

「**法規**［Das Gesetz］は，それに関して法規の**文言**またはその**解釈**に従って定められたこと［Bestimmung］を含むすべての法律問題に適用される。法規から**規定**［Vorschrift］を引き出すことができないときは，裁判官は**慣習法**［Gewohnheitsrecht］により，慣習法も欠けているときは，**裁判官が立法者であったならば創設するであろう原則**（Regel）**に従って裁判すべきである**。その際に，裁判官は信頼できる**学説**［Lehre］および**伝統**〔的観念〕［Überlieferung］に従う。」

ドイツの判例の現在の見解に関しては，1951年10月30日の連邦通常裁判所の判決が[13]，その特色を示している。この訴訟において上告は，〔連邦通常裁判所の〕民事部大法廷の決定によって確認された上級地方裁判所の法命題が現行法とみなされるということに異議を唱えた。この上告は，裁判官は法規に服するという原理における〔裁判官の法規への〕拘束は，〔スイス民法典1条の〕原則［Grundsatz］とは相容れないと詳論したのである。連邦通常裁判所は，このような論証と対決することにより，以下のように詳論した。

「この〔スイス民法典1条の〕原則［Grundsatz］は，裁判官の法規への拘束がもはや継続形成能力ある規範でないことを意味するものではない。**実定法の正しい適用，つまり，法に従った適用は，設定された法**〔実定法〕**の解釈によるさらなる発展という意味における法の継続的形成を裁判官に許容するだけでなく，正当な裁判の発見がそれを必要とする場合には，むしろそうした**〔法解釈による〕**法の継続的形成を裁判官に義務づける**のである。」

フランスにおいては，このような認識を貫徹することは，とりわけフランソワ・ジェニーによる業績であった。ジェニーは，**学説**［Lehre, dotctine］および**判例**［Rechtsprechung, jurisprudence］の権威は法規と並存するものであり，これらの法源から，法規において浮かび上がってくる欠缺を埋めることができることを指摘した。その際ジェニーは，とりわけ，すでに類推の手法においては，法適用はもはや現実には存在しない，なぜならば，法規はここでは現実には，もはや法的救済手段としてではなく，自由な探求という枠組みにおける一般的な論証のための出発点として用いられるからである，ということを指摘した[14]。これによってジェニーは，法適用と自由な法の継続形成との根本的な区別に到達した。もちろん，その際はジェニーも，**解釈と継続形成の間に在内的関連性が存在すること**，そして，**両者は相互に越境することがありうること**を否定はしなかった。しかし，**法の継続形成をもって完全に新しい法発見の手法が取られ始めていること**を苦心して引き出したのは，ジェニーの功績であり続けている[15]。

それによって創出された洞察の上に，法の継続形成の理論が構築されなければならない。

[S. 52/ S. 288]

5. 総　括

法規における欠缺は，一定の事案構成およびこれによって提起された問題が，立法者によって想定されておらず，または完全には想定されておらず，したがってそれによって投げかけられた問題に対し，**法規に基づく解釈という手段をもって**

しても事案に相応しい解決が見出されない場合に存在する。はたして立法者がそのような事案構成を視野に入れていたか，また，どの範囲で視野に入れていたかは，歴史学的解釈によって確定されなければならない。そのような欠缺は，とりわけ，〔現在の〕経済的および社会的関係が，法典の発布時に存在していたような経済的および社会的関係に対して変化するということによって生じる。

　この欠缺を，新しい諸問題に適合する規範の設定によって埋めることは，裁判官の任務である。その際，法学は，法規の解釈におけるのとまさに同じように，裁判官のために先んじてその準備作業を行うであろう。

　実定法は，この基本原則からの例外を許容し，法への服従者の利益のために欠缺を埋めることを裁判官に禁止することができる。この種の例外規制は，法律なければ刑罰なし［nulla poena sine lege］という命題に基づく刑法に当てはまる。この命題は，私たちの〔議論との〕関連においては，判例が新たな刑罰要件を法創造の方法によって——例えば，平等の利益において——創造することは正当化されない，ということを意味する。刑法における欠缺の補完は，むしろ，それによって新たな刑罰要件が創造されない限りにおいてのみ裁判官に許される。そのような例外規定は，立法部の排他的な立法権限という利益を守るための，裁判官による法創造の一般的禁止というものと，同一平面に置かれてはならない。原動力となる動機は，ここではそれとは異なるものである。立法部の排他的立法権限の利益を守るための裁判官による法創造の一般的禁止においては，立法者の排他的権能が前面に出るのに対し，ここでは個々の市民の自由の保護が問題なのである。

欠缺の補完に際しての手法がそのように発達した結果，まず最初に，動揺した状況にある諸々の利益が正確に説明され，それゆえに，目下の秩序づけられるべき状況が，その実際上の，かつ利益に適合した内容において探求されることになる。立法者がこのような状況を完全には予見していなかったことを確認した後に，規制を設けるために可能な観点が見出され，比較され，そして相互に衡量されなければならないであろう。**ここでは比較法が決定的な助け舟を出すことができる**。ちょうどそのようにして，どこかの国に固有の法規が，問題の事態に適合した秩序づけのために使用されうる視点を含むかどうかが，当然に審査されなければならないであろう。ちょうどそのようにして，**正義についてのよく知られた諸々の視点，正義の諸原則**が引き出されなければならないであろう。「裁判官たちは，いったい何に頼るのか」という問題に対しては，アレンが正当につぎのように答えている。すなわち，「イギリス法のみならず，すべての法の源泉である**道理**［reason］，**道徳**［morality］および**社会的効用**［social utility］に〔頼る〕」というものである[16]。

これらの諸要素に基づき，それに次いで，未解決の問題のための1つの原則が提示される。

このような新しい原則がその中に見出される論述は，**自由な学問的な論述**という方法で行われるであろう。それはジェニーのいう**自由な探求**［libre recherche］である。経験が示すように，学問的な議論の状況を考慮に入れた判例は，諸々の事案が起こる仕方に応じて，それが裁判を最終的に確定し，それをもって裁判が問題を解決するような原則を，それらの事案におけるその時々の裁判を通じて，徐々に手繰り寄せるのである。

法典化された法については，どの法体系においても，〔法の

欠缺の〕具体例を見出すことはおそらく何ら困難ではない。例えば，ドイツ法からは，無効または取消可能な組合契約の取扱いの問題が想起される。あるいはシュトルによる比較法の業績[17]が決定的な意味をもつ，固有の危険に基づく行為に関する諸原則の発展が想起される。

　それにより，法規における欠缺の補完は，新たな法形成の手続に，すなわち，**一定範囲における新たな立法の準備**に接近する。にもかかわらず，新たな立法に先行する，法政策的な論述との比較は，〔法政策的論述と新たな立法との間に〕存在する相違，および裁判官法［Richterrecht］による法の継続形成に対して設定された限界をも示している。正当な裁判をすべき義務によって成立する，法規における欠缺は，裁判官法の基礎であるとともに限界でもあり続けている。それゆえに，**裁判官による法の継続形成はつねに，それが個々の諸事案を通じて裁判官の目の前に提起されるような個別問題のみに関わるものであろう**。その際には，裁判官の法創造はつねにそれが補完するところの編纂法典に依存したままである。根本的な新規制，または法素材全体の改正は，裁判官には禁じられている。**裁判官の着眼点は，個別事案およびそれと結びついた個別問題に制約されたままなのである**。これに反して，立法者は，正義およびその諸原理への拘束という枠内にあるのであれば，原則として自由である。その結果，新規制を目標とする議論，つまり，**立法論**もまた，自由な研究という方法によって法の欠缺を補完すべきものであるとする議論とは異なる形で進行するであろう。それはあらゆる観点において，より広範に拡大することが可能であり，実験的な性格をより強くもつであろう。

V 裁判官による法の継続形成・注

1 *E. Zitelmann*, Lücken im Recht (1903) を参照せよ。
2 これについては、前述Ⅱ章3節を参照せよ。
3 これについては、前述Ⅲ章2節を参照せよ。
4 *Gény*, Méthode d'interprétation et sources en droit privé positif (2. Aufl., Neudruck 1954) I, S. 304 ff. を参照せよ。
　　法創造における類推の方法による法原則の設定という分類に関しては、以下のものも〔参照せよ〕。*Meier-Hoyoz*, Der Richter als Gesetzgeber (1951), S. 73; *Stone*, Legal System and Lawyers' Reasonings (1964), S. 312 (オースティンを参照指示しつつ); *Du Pasquier*, Les Lacunes de la Loi et la Jurisprudence Suisse sur l'Article 1er CCS (1951), S. 31 f.
5 *Stone*, a.a.O., S 32 ff. を参照せよ。
6 これについては、*Bollnow*, Das Verstehen (1949) による研究を参照せよ。
7 このような裁判官の捉え方については、スイスの連邦裁判所の裁判官に関して、*Du Pasquier*, a.a.O., S. 26, 72; *Mayer-Hayoz*, Der Richter als Gesetzgeber (1951), S. 122 による確認を参照せよ。
8 例えば、*Bülow*, Gesetz und Richteramt (1885) を参照せよ。
9 1906年に「グナエウス・フラヴィウス」(Gunaeus Flavius) という仮名で出版された。
10 *Gnaeus Flavius*, a.a.O., S. 25 ff. を参照せよ。
11 *Gnaeus Flavius*, a.a.O., S. 41.
12 *Gnaeus Flavius*, a.a.O., S. 10, 20.
13 BGH JZ 1952, 110 ff.
14 *Gény*, Méthode d'interprétation et sources en droit privé positif (2. Aufl. Neudruck 1954) I, S. 304; II, S. 117, 120 f.
15 このような認識は、ドイツでは、とりわけエッサー〔Josef Esser, 1901-1999〕の基礎的で広範囲に及ぶ比較法的な土台の上に構築された業績である、*Esser*, Grundsatz und Norm in der richterlichen Fortbildung des Privatrechts (1956)〔裁判官による私法の継続形成における原則と規範〕において、苦心して引き出されている。
16 *Carlton* K. Allen, Law in the Making (5. Aufl. 1951), S. 277.
17 *H. Stoll*, Das Handeln auf eigene Gefahr (1961).

VI 法学

1. 思考方法としての体系

ニコライ・ハルトマン［Nicolai Hartmann, 1882-1950］はかつて2つの思考方法を相互に原理的に対置することを試みた。すなわち、**体系的**［systematisch］**な思考方法**と**懐疑論〔撞着推論〕的**［aporetisch］**な思考方法**の対置である[1]。ハルトマンは前者の体系的思考方法を、以下のように特徴づけている。

「**体系的思考方法は全体から出発する**。ここでは、**構想**［die Konzeption］**が最初のもの**であり、支配的なものであり続けている。ここでは、ある立場が**探求される**のではなく、何よりもまず**仮定される**のである。……この立場と調和しない問題内容は、拒絶される。」[2]

第2の懐疑論的思考方法について、ハルトマンはつぎのように述べている。

「懐疑論〔撞着推論〕的思考方法は、全体としてこれとは反対に進行する。この**懐疑論的思考方法にとっては、諸問題**［die Probleme］**がとりわけ神聖〔重要〕なもの**である。……それは、問題それ自体の追求のほかには、研究の目的を知らない。……体系それ自体は、その〔懐疑論的〕思考方法にとっては、どうでもよいものではないが、単に理念として、〔あるいは〕見通しとして、それに当てはまるにすぎない。この〔懐疑論的〕思考方法は、体系が存在するということは、それ自身の思考において決定的に影響を与えるものがひょっとすると潜在的に存在するかもしれないことであるにすぎない、という点を疑うものではない。それゆえに、たとえこの〔懐疑

論的〕思考方法が体系〔全体〕を捉えていないとしても，それは体系〔の存在〕を確信してはいるのである。」[3]

それゆえに，一方の〔体系的な〕思考方法というものは，**認識され，確定された様々な認識の連関から出発している。他方の**〔懐疑論的〕思考方法は，**様々な問い**［Fragen］，**問題**［Problem］**を志向している。**

私たちが，私たちの分析に示されているような形で，**法学的な思考方法**［das rechtswissenschaftliche Denken］をこのような対置に組み入れることを試みるならば，それはたしかに**懐疑論**〔撞着推論〕**的で，問題**〔志向〕**的な思考方法の側に組み入れられなければならないであろう。**おそらく個々の法文および実定法の制度は，トインビー的な文化理論の意味において，特定の秩序問題（1つの「挑戦」）に対する「解答」（応答）として，つまり，問題解決として把握することができる。さらに，規範およびそれを用いた疑わしい，未解決の問題の解決は，法律学的解釈［die juristische Auslegung］の目標として表現することができる。法律学的概念構成は，特定の問題に関して正鵠を射た識別が行われるということであり，法の継続形成は〔法の〕「欠缺」の補完のプロセスにおいて問題志向的な議論の方法によって行われる，ということを示すことができる。

問題〔の解決〕を志向した思考の方法は，何よりもまず**トピク**［Topik］〔仮定的な論拠に基づく蓋然的推論〕**である**[4]。トピクは，研究対象である諸問題との交流の中で確証された数々の観点（数々の**論拠**［Argumente］）を編成し，そうした**数々の観点**〔論拠〕**という基礎に立脚して，根拠づけ可能で，事後的検証ができる解決に到達することを試みるものである**[5]。しかし，私たち

は今まさに，この〔トピク的な〕方法が法律学において絶えず繰り返し適用されてきたことを見出した。すなわち，法規の適用またはまたは継続形成におけるのとちょうど同じように，法規の疑わしい点の解釈においてである[6]。裁判所の手続における両当事者間の討論もまた，たしかに基本的には論証のプロセスの往復にほかならない。そのプロセスにおいては，事案を判断するために重要な，事実的および法律的性質の数々の**論拠**が裁判官に提示されるのである。

　もっとも，その際には，各々の学問における論拠の意義が，それぞれ異なる物事の経験に依存している，ということが思い起こされなければならない。論拠の意義は，歴史学においては他の学問と異なった形で根拠づけられ，法律学においても他の学問とは異なった形で根拠づけられる。歴史学においては，それは個々の時代に関する過去の文書の使用に際して，そしてとりわけ，すでに知られている事実との比較において形成されてきた，一定の経験則に基づいている。法律学においては，それとはまた別の様々な視点が現れてくる。それはまず第 I に，法律学的解釈学［die juristische Hermeneutik］の諸原則である。それらの諸原則は歴史学における古文書批判と類似した〔古文書解釈に対する〕コントロール機能をもつ。さらに，それらの諸原則は，判断されるべき事実関係の探求から引き出される類のものである。すなわち，それらは事案とともに現れる個人的または集団的な諸々の利益を含む，当該事案における行為の諸々の状況［Tatumstände］である。現行秩序から引き出され，または現行秩序に基づいて発展させられた評価的観点が，それらに接近する。その際には，事実に関する論拠と価値に関する論拠の間に緊密な関係が存在する。というのも，法律学的な事実分

析はつねに現存する価値に関する視点および秩序に関する視点を考慮に入れて行われるものだからである。つまり，一定の事実に関する様々な視角は，一定の価値に関する視点が適用されなければならないということをそれら様々な視角が根拠づけるがゆえに，重要なのである。事実に関する**将来的な成行きについての仮定**もまた，法律学的論証においては，重要な役割を果たしている。そうした仮定は，ある一定の意味において下される解決が，起こりうる結果，または真実らしい結果を暗示するものであることを根拠づける。

2. 法律学的体系について

[S. 56/ 292]

このような帰結はもしかすると驚くべきものかもしれない。〔なぜなら〕多くの人々にとって，**法律学**［Jurisprudenz］は今日においても紛れもなく**体系的な学問分野**であるとみなされており，**法学**［Rechtswissenschaft］は教義学的に議論を進める，すなわち，**公理的に確立された根本的真理を説明する精神科学**であるとみなされている〔からである〕[7]。〔しかし〕実際には，過去数十年の間に法律学の自己理解にはある変化が生じた。つまり，長い間，とりわけ 18 世紀および 19 世紀においては体系の構築が前面に出ていたのに対し，そうした**体系を探求することからの離反**というものが確かに生じた。それにもかかわらず，今日においてもなお**体系的法律学**［die systematische Jurisprudenz］が，とくにヨーロッパ大陸の法学においては，あくまでもその地歩を保っているのである。

このような体系においては何が問題なのであろうか。

〔1〕**法律学的な体系を構築する動機**は，まず第 1 に，とりわけ**記述**［Darstellung］と**教授**［Lehre］という目的に求められうる，ということを確認することが重要である。最初に作り上げられた法律学的な体系——それは，ヨーロッパの法的伝統において私たちを養い育ててきたものであるが——は，ローマの法学者ガイウス（紀元約 160 年）のインスティトゥティオネス［die Institutionen］であり，それは**教授の体系**［Lehrsystem］である。それは学校で用いるために書かれたものであり，ガイウスの時代には実務にはまったく影響を及ぼさなかった。詳細にみると，それは**ギリシャの学問方法論**，つまり，**一般的な上位概念の区分**というモデルに従って書かれており，実定ローマ法の全素材を人の法，財産の法および訴権の法［Aktionen-Recht］に分類したのである[8]。その素材は非常に一般的な指導概念を手がかりにして整序されている。例えば，人の法は，まず最初に自由人と非自由人の対置に基づき，ついで，人に対する権力の概念およびその様々な亜種（奴隷に対する主人の権力，子どもたちに対する父の権力，後見人の権力，妻に対する夫の権力など）に基づいて構築されている。それゆえに，例えば，**規範の体系のようなものは問題になっていないのである。規範の体系においては，個々の実定的命題は一定の最上位の秩序原理に基づいて導出され，それによって誘導関連**［Ableitungszusammenhang］**の中に持ち込まれる**。むしろ，体系はたしかに指導概念を志向しており，それによって一目瞭然の形に整序された素材の表現なのである。

同様のことが，16 世紀および 17 世紀における数多くの体系的な試みに関してもなお当てはまるようにみえる。そうした体系的な試みは明らかに，詳細についてはまだほとんど研究されていない[9]。とくにこのことは，ペトルス・ラムス［Petrus

Ramus, 1515-1772〕の論理学に基づいて構築された法律学の数々の業績に当てはまる。

〔2〕**啓蒙期の自然法論が初めて，法律学的体系の新しい形態をもたらした**。今日では，ある最上位の諸原理が措定され，それらを社会生活における特別の類型的状況に適用する方法により，それらの諸原理から特別の諸原則が導き出される。これらの〔自然法論の〕体系においては，少なくともその意図としては，たとえこのような目標が明らかに現実に達成されるということがなかったとしても，**公理から導き出された諸原理の体系**が問題である。

〔3〕第3の形態の体系を，私たちはドイツの**パンデクテン法学**に，とりわけサヴィニーにおいてもっている[10]。たしかに，この体系は，上記において叙述された〔体系の〕諸類型の要素をも含んでいる。それはしばしば，指導命題［Leitsätze］ではなくて，**指導概念**（例えば，法律学的に重要な「行為」［Handlung］の概念）を用いている。その体系は，**一般的な指導概念**を用いて明確にされた諸要件，例えば，意思表示といった要件を，特定の一般的な命題に結びつけることにより，**一般的な命題を形づくる。それは，最上位の原理として，人間的自由の承認という原理を措定する**。しかし，このような体系に固有の特徴は，数多くの実定法規範を，その都度一定の，社会生活それ自体において所与の，そして，民族精神の倫理性によって満たされ，かつ形づくられた，婚姻，家族，父権，所有権などといったような**法制度**に組み入れる，という思想である。諸々の制度を支配している**数々の倫理的思想**は，同時に，それらの制度に属する

個々の規範の解釈を支配し，〔個々の規範の〕ありうる欠缺の補完に奉仕すべきである。このような思想により，**体系は，事物それ自体において与えられた秩序の映写物**として把握され，まさにそれゆえに，たんにきちんと整理された記述であるのみならず，法実務にとっても実り多いものなのである。

それゆえに，法学の歴史において発展した体系は，スローガン的にいえば，以下の3つのグループに区分することができる。

〔1〕**教授の体系**［Lehrsysteme］。これは法律学的な素材を，指導概念に基づいて全体を見渡すことができるような形で秩序づけるものである。

〔2〕**諸原理に基づく演繹的な体系**

〔3〕社会生活に内在する秩序を反映することを試みる**体系**

このような区別に対しては，明らかに，歴史学的体系はこれらの類型を1つとして純粋に実現することはなかった，ということが直ちに付け加えられなければならない。さらに，これらの体系のうち，現代論理学の要求に応えるものはない。実定法秩序を完全に公理化し，現代の論理学的計算の手段によって記述する試みは，たしかに可能であるようにみえる。しかし，それはまだ貫徹されていない[11]。

完全な法律学的体系［ein vollständiges juristisches System］というものは，2種類のものを含んでいなければならないであろう。

1．法的な秩序［eine rechtliche Ordnung］というものに関するすべてのものを全体として考慮に入れた諸原理，つまり，**正義の諸原則についての完全な目録**

2．法的秩序というものに関するすべてのものを考慮に入れた**生活状況およびその固有法則性**

つぎに，この〔完全な法律学的〕体系においては，歴史学的法秩序は，部分的および近似的解決として，ある程度は名をとどめうるに違いないであろう。

そのような〔完全な法律学的〕体系はけっして達成されなかった。それは**倫理的世界および事物の本性**について［natura rerum］**の完全な知識**を前提にしている。これに最も近づいたのは，おそらく包括的な比較法的な記述についての体系学である。というのも，すべての比較法は，特定の実定法に服することなく，超実定〔法〕的でかつ近似的方法によって普遍的な体系を用いて活動するからである。

これまでに立案された様々な体系は，その発展によって絶えず繰り返し追い越されて〔時代遅れのものになって〕きた。このことは，特定の問題がその体系においてはもはや受け容れられず，その枠内においてはもはや事態に適合した形で解決することができないということが起こった場合に明らかになる。そのようにして，**ドイツのパンデクテン法学の古典的体系**は，本質的に**契約と所有権に基づいて法律関係を形成する，等しく自由な諸個人からなる社会というモデル**に立脚している。このモデルにおいては，巨大な私的組織の存在およびそれによって私的な権力から生じる諸問題についても，また，信頼保護およびそれゆえに課される責任といったような，より技術的な問題についても，取り上げる場所がない[12]。したがって，いずれにしても体系というものは，私たちの従来の洞察によるならば，けっして閉じられた〔無欠缺かつ無矛盾で，確定的な〕ものとしては立案されえないのである。

ゾームはそれゆえに，体系というものを総じて**美学的理由**によってのみ正当化しようとした。つまり，ゾームは，「理念的

なもの」としての体系構築を，法学の本来的に実践的な課題に対置したのである[13]。

しかし，このことは法学における体系的な作業の意義を過小評価することを意味するものではない。カードーゾはかつてつぎのように述べた。

「法においては，他のあらゆる学問分野におけるように，**帰納によって与えられた真理は，新たな演繹のための前提を形づくる傾向をもっている。**」[14]

この言葉は，体系の意義を言い当てている。**あらゆる体系は，個々の問題に対処する作業において獲得された認識状態を総括するものである。**つまり，〔その認識状態とは〕ちょうど規制の対象となっている事案において私たちが直面する，認識された事物構造のように，相互作用する関係において認識された法原理である。体系は，それによって全体の鳥瞰および実践的な作業を容易にするだけではない。**それは，既存の〔相互作用する関係にある法原理の〕諸々の関連に関する新しい認識の源泉にもなる。**こ**の新しい認識は，最初に体系を明確にし，そしてそれによって法のさらなる発展の基礎となるのである。**個々の問題に関してのみ作業をしているような学問は，より進んだ諸原理に関わる諸問題についてのより大きな諸々の関連の発見へと前進するような状況にはないであろう。そのような学問は，多様な仕方で形づくられた実定的な制度および諸原則の機能の類似性を比較法において認識することはないであろう。それゆえにこそ，体系に関する作業は継続的な課題であり続けている。つまり，内容豊富な多くの問題を演繹的に支配できる体系はないことを意識して

いなければならない，というだけである。**体系は開かれたまま**でなければならない。体系は**暫定的な総括**であるにすぎない。法学は，問題思考において前進する。法学に関してもまたニコライ・ハルトマンの確認が当てはまる。

「すべての問題系統を，その最も遠い諸帰結に至るまで鳥瞰することができるであろう**無限の知性**であれば，……**すべてのものがその中で居場所を見出すであろうものとして体系を構想する**…であろう。〔しかしながら，実際には〕**有限の知性**はそのような体系をけっして構想することができないであろう。その〔有限の知性による〕体系構築は，それが現実に哲学的に浸透する前の**全体の予想および展望**であるにすぎない。」[15]

しかし，19世紀の法律学的体系のように，慎重に立案された法律学的体系については，生物学者ケーラー［Köhler］の言葉も当てはまる。すなわち，「今日の真実は明日の**特殊事案**である」。つまり，**法律学的体系は比較的狭い限界内において**〔，しかしなお〕**その意義と適用可能性を維持しているのである**[16]。

3. 法学の方法 [S. 60/ S. 296]

現代の法学は，〔本書における〕先行する論述の中で私たちを出迎えた様々な観点のすべての応用に基づいている。それは，古くからの尊敬に値する文法的・論理学的解釈と並んで，社会学的および価値論的方法をも用いている。これらの方法の中で，後者〔価値論的方法〕はある規制における正義の内

容に目をつけ，前者〔社会学的方法〕はその規制の社会的諸条件に目をつけている。現代の法学は，それがちょうど包括的体系が与えることのできる手段を用いて活動するように，それが扱わなければならない実定的規範の成立に関する歴史学的研究の様々な帰結をも用いて活動しているのである。

最終的に，現代の法学は 2 つの補助分科の様々な帰結を用いている。それらに対し，ここでは，手短かにではあるがなおも立ち入るべきである。それは，**法制史**［Rechtsgeschichte］および**比較法**［Rechtsvergleichung］である。

〔1〕**法制史**は，何よりもまず現行法規の歴史であり，立法史である。それは立法史に関して現存する文書，いわゆる立法資料［Materialien］を用いて作業を行い，規則の成立へと通じた主観的および客観的諸状況を探求することを試みるものである。それゆえに，法規の編纂者（例えば，法規の編纂を委託された公務員および議会の委員など）の見解，また，例えば，諸原則の創設に原動力を与えた，現に存在する社会的秩序問題などである。ある裁判において定立された裁判官法のある原則が問題であるならば，その定立に至った事案が，裁判所が処理してきた問題史，すなわち，それ以前の諸々の事案およびそれ以前の様々な観点と同じように分析されるであろう。法制史のこのような形態は，歴史学的解釈の基礎である。

特定の法原則についてのこのような歴史学的理解には，一般的法制史が対置される。その対象は，〔①〕まず最初に，**法律学的理念**，すなわち，**文化発展の進行において法的秩序を規定した思想**，とりわけ，当然のことながら，現代にもまだその影響を遺しているものである。この中には，政治的な体制〔憲法〕

の基礎としての**平等**および**自由**，私法の基礎としての**私的自治**および**所有権**などといった諸々の理念が属する。〔②〕それについで，一般的法制史は，各々の法律学の時代がどのような**秩序問題**に直面していたか，例えば，19世紀に次第に大陸に進入してきた**産業革命**がどのような問題をもたらしたかを明らかにしなければならない。これらの問題を各々の社会はその指導的理念を基礎にして，特定のいくつかの制度，法律学的な諸原理および諸原則を創設することによって解決してきた。〔③〕それらの成立に対し，それらの**発展および変更**，社会生活の実践におけるそれらの**遵守または不遵守**を研究することは，法制史が向き合わなければならない第3の問題領域を形づくる[17]。これらの探求により，法制史は，一方では既存の秩序の基礎を理解するために直接的に重要であり，しかしまた，他方では現存する規制について比較されるべき評価にも役立ちうる立法資料を作成するのである。

　〔2〕現代の法学にとって特別の意味をもつようになったのは，**比較の手段**である。それはまさに解釈学の古典的方法に属する。〔しかし〕今日においてはもはや個々の〔国の〕法秩序がそれ自体として比較されるだけではなく，むしろ**問題解決方法の比較**が前面に現れている。その際に支配的になりつつあるのは，一方では法生活において時代を超えて絶えず生じている問題，例えば，**契約に際しての錯誤の規制**という問題が存在し，あるいはさらに〔他方では〕現代においては異なる法共同体においても同じように生じる問題が存在するという思想である。このような事態は，異なる法秩序の下で見出された同じような問題についての異なる解決方法，およびこのような解決方法の遵守を

相互に比較することを可能にする。**可能な問題解決方法の数はけっして無制限ではないこと**，むしろ満足のゆく，すなわち，実践的かつ正当な問題解決を可能にするいくつかの視点は，つねに制限された数のみが存在するということを示している。それゆえに，現代の比較法は，与えられた問題に対して歴史学的に与えられた実定的な解決方法が，いわゆる一般的な，およそ普通に考えることのできる解決方法の光に照らして研究されて分類され，それゆえに，他と区別された意味において一回的な歴史学的解決方法が，一般的なものに関連づけられるということを意味する。それにより，固有の解決方法がその特殊性をもつものとして，より理解しやすいものになるだけでなく，しばしば固有法の困難もまたこのような比較によって解明され，克服することが可能になる。

[S. 61/ S. 297]

4. 法学の学問的特色

さてここで，法学 [Rechtswissenschaft] をこれまでに叙述された方法によって学問 [Wissenschaft] の全体像の中へ整理して組み入れることを試みるならば，それは**精神科学** [Geisteswissenschaft] に，そしてここではまず最初に解釈的科学 [die interpretierende Wissenschaften] に分類しなければならないであろう。すべての法律学的作業の基礎は**テクストとその解釈**である。しかし，言語学的な学問分野に対し，法学は今や２つの契機によって区別される。

　第１の契機として——これは私たちがすでに強調したことであるが——，法学は**応用精神科学**である。それは**法秩序の実践的**

な実現に奉仕している。それは事案について裁判するための諸原則を準備すべきである。その作業は，それゆえに，医学の作業と似て，**実践的な目標をもっている**。

　第2の契機として，法学はたしかに，何度も主張するように，社会科学ではない。というのも，法学は社会の内部における物事の経過の因果関係を問うもの，あるいは既存の社会の構造を現象学的に問うものではなく，**ある特定の社会における正当な秩序**を問うものである。法学は現在妥当している秩序についての科学である。しかしながら，法学は，他面において，社会科学から孤立することができるわけでもない。**法学は社会の現実についての知識を必要とする**。学識法曹［Rechtsgelehrter］，例えば，カルテル法，労働法または競争法といった領域の学識法曹は，当該領域の事実関係を知らなければならない。学識法曹は，カルテルがどのように機能するのか，賃金交渉が事実上どのように行われるのか，競争における闘争が事実上どのようなものであるのかを知らなければならない。それゆえに，学識法曹は，社会科学の代表者との恒常的な接触およびその恒常的な支援を必要としている。あらゆる孤立，あらゆる隔離は法学にとって危険であろう。

　したがって，総括するならば，法学は**社会科学に接近している実践的，応用的精神科学**として表現しなければならないであろう。

　法学の実践的性質のゆえに，19世紀においてフォン・キルヒマン［Julius Hermann von Kirchmann, 1802-1884］は，法学に対し，それがもっぱら儚い実定法に依存することを理由に，その学問としての性格に異議を唱えた。〔しかしながら〕そのように考える者は，法学が**秩序についての止むことのない諸問題**を，正義に

ついての止むことのない諸原理の下で解決する・１・つ・の・試・みとして現行法を理解するように駆り立てるものである，ということを見逃している。それゆえに法律家は，キルヒマンの意見に対して恐れることなく，エドマンド・バーク［Edmund Burke, 1729-1797］のつぎのような命題を対置することができるであろう。

「法〔理〕学という学問［the science of jurisprudence］は，人間的知性の誇りであり，そのすべての欠陥，冗長および誤りにもかかわらず，本源的な正義の諸原理を，際限なく多様な人間的関心事に結びつける，**その時代の人々の冷静沈着な理性**［the collected reason of the ages］である。」

Ⅵ 法学・注

1 *N. Hartmann*, Diesseits von Idealismus und Realismus, Kantstudien XXIX (1924), S. 160-206 を参照せよ。
2 *N. Hartmann*, a.a.O., S. 163.
3 *N. Hartmann*, a.a.O., S. 164.
4 *Viehweg*, Topik und Jurisprudenz (3. Aufl., 1965), S. 15; *Horn*, Neue Juristische Wochenschrift 1967, S. 600-608 を参照せよ。
5 *Coing*, Grundzüge der Rechtsphilosophie, 2. Aufl., S. 89 ff. 〔5. Aufl., Kap. II Abschn. II und III〕を参照せよ。
6 *Viehweg*, a.a.O., S. 60 がこのことを正当にも指摘している。――トピクと法律学との関係については, *Stone*, Legal System and Lawyer's Reasoning (1964), Chapter 8 をも参照せよ。やや異なる見解を示すのは, *Kriele*, Theorie der Rechtsgewinnung, S. 121, 122, 145 である。
7 例えば, *Rothacker*, Logik und Systematik der Geisteswissenschaften (1927); ders., Die dogmatische Denkform in den Geisteswissenschaften und das Problem des Historismus (1954), S. 262 を参照せよ。
8 アクチオ［Actiones］とは，ローマ法における民事法上の訴えの方式である。

9 今のところは、*Troje*, Wissenschaftlichkeit und System in der Jurisprudenz des 16. Jahrunderts, in: Philosophie und Rechtswissenschaft (1969), S. 63 ff. における概観を参照せよ。

10 *Savigny*, System des heutigen Römischen Rechts (1840年から、8巻をもって著された).

11 *Viehweg*, Topik und Jurisprudenz (3. Aufl., 1965), S. 56-58. 重要な基礎的作業は、*Klug*, Juristische Logik (3. Aufl., 1966), S. 12 ff., 173 ff. におけるものである。

12 これについては、*Coing*, Bemerkungen zum überkommenen Zivilrechtssystem, in Festschrift für Dölle I (1963), S. 23 ff. を参照せよ。

13 *Sohm-Mitteis-Wenger*, Institutionen des Römischen Rechts (17. Aufl. 1926), Einleitung, S. 32 を参照せよ。

14 *Cardozo*, Nature of the Judicial Process (von M. Hall によって編集された、„Selected Writings of Benjamin Nathan Cardozo", 1947 に従って引用する), S. 124.

15 *N. Hartmann*, Diesseits von Idealismus und Realismus, Kantstdudien XXIX (1924), S. 163.

16 この意見を挙げるのは、*K. Lorenz*, Darwin hat recht gesehen (1965) の序文の中においてである。法律学における体系思考の意義と限界についての卓越した叙述を与えるのは、*Horn*, Neue Juristische Wochenschrift 1967, S. 601 ff. である。

17 法制史の課題について卓越した定義の1つを提供するのは、*Raymond Saleilles* の論文、„Quelques mots sur le rôle de la méthode historique dans l'enseignement du droit", Revue Internationale de l'enseignement XIX (1890), S. 482-503 である。

おわりに——訳者による小括と展望

　本書は、①法学の歴史的展開（Ⅰ章・Ⅱ章）、②法の解釈と適用（Ⅲ章・Ⅳ章）、③裁判官による法の解釈・適用と法形成（Ⅴ章）、④法の体系と法学（Ⅵ章）について、簡潔ながらも濃密な議論を展開してきた。本訳書を通読して、①〜④の個別問題についての簡にして要を得た知識とともに、全体として、法解釈学を中心に展開されてきた法学のエッセンスについて、**法学とは何か、法学は法とどのように関係しているか**、そして、**法とは何か**という基本問題について、読者が一定の答えを得られたとすれば、本訳書の目的はひとまず達成されたことになる。

　もっとも、本書が扱っている①〜④の個別問題については、それぞれさらに多くの研究が蓄積されている。それらのうち、本書が引用する主要な欧文文献は、後掲【参考文献】の《欧文文献》欄に掲げた。また、①〜④の個別問題に関する日本語文献（ただし、入門的なものに限る。翻訳を含む）も豊富に蓄積されている。そのうちの主要な論考としては、後掲【参考文献】の《日本語文献》欄に掲げたものがある。これらの文献は、本書の基礎の上に、さらに考察を深めるために活用されるべきものである。そこでは、それらの個別問題に関する議論が詳細かつ広範に展開されている。

　しかし、それだけに、個別問題をめぐる議論を今後フォローする途中、錯綜した展開の中で、道に迷うことがあるかも知れない。そうした時には、本書に立ち返ることにより、問題の全体像についての視野を回復し、その見取り図の中に、個性ある議論も的確に位置づけることができるであろう。

　本書が提示する様々なメッセージの中で、訳者がとくに印象深かったのは、法学の歴史的発展と理論的展開の叙述を通じて、**どのようにして「法学」が「法」を生み出してきたか**について、少なからぬヒントを与えているように思われる点である。この観点から法史の一端を顧みれば、社会に成立し、存在するルールのうち、一定のものを「法」と呼び、さらにその中の一定のルールを「権利」と呼び、一連の法体系を作り上げたのは、ローマ法学をはじめとする法学、さらにいえば、法学者の活動であった。まさに「法学」の目を通して、人々は自覚的に「法」を意識し、法の認識が始まったといえる。ローマ法の"ius"〔法, 権利〕の概念はその典型例にほかならない。しかも、それは個々の事案に照らして解釈された法を実際に適用することを通じて社会的に承認されてきた。そうした解釈・適用を通じて発見された法を、やはり法学の体系を用いて整序することにより、法の体系が形成されてきた。

　このように、私たちにとって法の存在を可能にする、法の認識のための最もミクロな営みが、法律学を通じて発達した法の解釈であるといえる。法解釈の

方法としては，文理解釈，体系的解釈，目的論的解釈という基本類型と，それらを適用した帰結としての拡大解釈，縮小解釈，類推解釈，反対解釈，勿論解釈……等々の形態が知られている[i]。もっとも，これらの解釈方法の形態は，主張者によって一致しているわけではなく，その意味の説明も必ずしも同じではない。そこで，法解釈の形態と意味を整理し，共通の理解を進める必要性が指摘されている[ii]。これは現代の法学に課され続けている課題である。そして，本書はとくにこの面において，錯綜した法解釈の方法をめぐる議論の整理に役立つものであると考えられる。

すでに「はじめに」でも触れたように，本書の特色は，法解釈の方法を，より広く解釈学〔Hermeneutik〕一般の原理に遡って検討している点にある。すなわち，——

① テクスト自体に含まれている**客観的意味**の解釈，
② **統一性**をもったものとしてのテクストの解釈，
③ テクストの**発生学的起源**に遡った解釈，
④ テクストの背後に存在する**実質関係**を考慮に入れた解釈，および
⑤ 類似のテクストの**比較**に基づく解釈である（本訳書Ⅲ章1節）。

本書は，これらの一般的解釈方法が，法律学的解釈にも適用可能であることを確認している。すなわち，——

① 法規の言葉の意味についての**客観的見地**に基づく解釈，
② 法規を断片としてではなく，**統一性**をもった**全体**として考慮した解釈，
③ 立法者が解決しようとした問題，回避しようとした利益衝突，法制度や法理念の歴史的発展経緯等，法規の成立を規定した**歴史的要素の全体**を考慮に入れた**歴史学的解釈**，
④ 法規の彼方に存在する**実質的人間関係の合目的的なあり方を指し示す法の理性**〔**根拠，理由**〕〔ratio legis〕を考慮に入れた**技術的解釈**，および
⑤ **比較法の視点**を考慮に入れた解釈である（本訳書Ⅲ章2節）。

そして，本書では，これらの相互関係が検討されていることが注目される。その際，コーイングは，まず，これら5つの法解釈方法には同等の価値があることを認める。そのうえで，とくに③**歴史学的解釈**と④**技術的解釈**の関係について，ややもすれば④技術的解釈が③歴史学的解釈を軽視する傾向が見出されることに対し，批判的な検討を加え，解釈の出発点として様々な観点からの判断方法に内容豊富なヒントを与えてくれる③歴史学的解釈の意義を重視している。

このように一般的解釈学に立脚する解釈方法論に則って，法解釈方法の精緻化と相互関係の明確化がさらに図られるべきである。前述した従来の法解釈方法との関係では，①は文理解釈に，②は体系的解釈に承継されていると考えられる。これに対し，しばしば対立する③と④は目的論的解釈の方法をさらに精緻化するために，その相互関係をさらに明確にする余地がある。⑤をどのよう

に法解釈方法として具体化すべきか，従来の文理解釈，体系的解釈または目的論的解釈に組み込む形か，あるいは新たな解釈方法が創造されうるか，探求する必要がある。

　もっとも，コーイングは，一般的解釈学が対象とするテクストと法解釈学が対象とする法文（制定法であれ，判例法であれ）との間には大きな違いがあり，法解釈学が現実の秩序に属する規範を対象とすることを重視する。その結果，法学は社会における正当な秩序を問うものであり，その意味で法秩序の実践的実現を目指すものであることを強調する。この点が，法学と社会科学の関係をどのように捉えるかという問題に通じている。コーイングは法学に対して社会科学が有用な情報をもたらし，密接な関係に立つことを肯定するが，法学自体は社会内部における物事の因果関係を問う社会科学ではないとみている。

　本書は，法の解釈と並んで，**法の適用**について詳しく論じている。その際，法の適用が裁判官による法規への事実の包摂にとどまらず，**評価を伴う目的論的意思活動**であることを明らかにする点が重要である。その結果，とくに法規の欠缺においては，裁判官が行う法の解釈と適用による**法の継続形成**が，**法の創造**と境界を接するものであることに注意を喚起している。

　最後に，本書は，法の体系として，①主に学校で用いるための**教授の体系**，②原理に基づいて演繹された**規範の体系**，③社会生活に内在する秩序を反映した**記述の体系**を識別している。この点も，法学の理論を通じた法の認識の一環として重要である。これらは，英米法的な先例中心の法秩序にも，大陸法的な制定法中心の法秩序にも共通にあてはまる。そして，コーイングも述べているように，いずれの体系も未完成である。私たちはどの体系についても各国の法秩序に照らした考察を進展させることにより，法認識を深め，法改革のチャンスを増やすことができる。

　そして，以上のような法の解釈・適用方法の深化と法の教授・規範・記述の体系の構築という地道な探求と実践の積み重ねを通じてのみ，私たちは共同体におけるより正当な平和秩序の創造と，「法とは何か」という最も根本的な問いへの解答に近づくことができるであろう。

---

i これら主要な法解釈方法の意味に関しては，ひとまず，松尾弘『民法の体系―市民法の基礎（第6版）』（慶應義塾大学出版会，2016［近刊］）【1.3】を参照されたい。
ii 石部雅亮「法解釈方法の比較史」南山大学ヨーロッパ研究センター報16号（2010）1-2頁。

参考文献

《欧文文献》(Coing, Juristische Methodenlehre, S. 63-73 による)

凡例：
① 書籍
Habermas, Jürgen ［著者名］
　Erkenntnis und Interesse, Frankfurt a.M. 1968
　［書名］　　　　　　　　　［出版地　出版年］

② 書籍掲載論文
Larenz, Karl ［著者名］
　Wegweiser zu richterlicher Rechtsschöpfung, in: Festschrift für Arthur Nikisch
　［論文名］　　　　　　　　　　　　　　　　　［所収書籍名］
　(Tübingen 1958), S. 275 ff.
　［出版地 出版年］［所収頁。S. は Seite (頁)、ff. は und folegende Seiten (以下)。
　275 頁以下の意味］

③ 雑誌掲載論文
Radbruch Gustav ［著者名］
　Klassenbegriff und Ordnungsbegriff im Rechtsdenken,
　［論文名］
　in: Revue Internationale de la Théorie du Droit, Bd. 12　(1938),　S. 46 ff.
　［所収雑誌名］　　　　　　　　　　　　　　　［巻号］［出版年］［所収頁］

I　科学的方法，とくに精神科学的方法について

Albert, Hans
　Traktat über kritische Vernunft, Tübingen 1968.
Barth, Hans
　Wahrheit und Ideologie, Zürich 1945.
Betti, Emilio
　—— Teroria generale sella interpretazione, 2 Bde., Milano 1955.
　　＊ Bde. は、Bände (複数巻) の略。
　—— Die Hermeneutik als allgemeine Methodik der Geisteswissenschaften, Tübingen 1962.
Bochenski, I. M.
　Die zeitgenössischen Denkmethoden, 2. Aufl., München 1959.
　　＊ Aufl. は Auflage (版) の略。
Bollnow, Otto Friedrich
　—— Das Verstehen. Drei Aufsätze zur Theorie der Geisteswissenschaften, Mainz 1949.
　—— Die Methode der Geisteswissenschaften. Vortrag, Mainz 1950.
Collingwood, Robin George
　—— The Idea of History = Philosophie der Geschichte, Stuttgart 1955.
　—— Denken. Einl. von Hans-Georg Gadamer, Stuttgart 1955.
Dilthey, Wilhelm
　—— Einleitung in die Geisteswissenschaften, Ges.Schr. I, 4. Aufl., 1959.
　　＊ Ges.Schr. は Gesammelte Schriften (全集) の略。
　—— Die geistige Welt. Einleitung in die Philosophie des Lebens, Ges.Schr. V, 2. Aufl., 1957 (I. Abhandlung zur Grundlegung der Geisteswissenschaften.).
Gadamer, Hans-Georg
　Wahrheit und Methode. Grundzüge einer philosophischen Hermeneutik, 2. Aufl., Tübingen 1965.
Habermas, Jürgen

　　　　Erkenntnis und Interesse, Frankfurt
　　　　a.M. 1968.
Hartmann, Nicolai
　　　　Diesseits von Idealismus und
　　　　Realismus, Kantstudien Bd. XXIX,
　　　　1924.
　　　　＊Bd. は Band（巻）の略。
Kambartel, Friedrich
　　　　Erfahrung und Struktur, Frankfurt
　　　　a.M. 1968.
Lorenzen, Paul
　　　　Methodisches Denken, Frankfurt
　　　　a.M. 1969.
Mannheim, Karl
　　　　Ideologie und Utopic, 4. Aufl.
　　　　Frankfurt a.M. 1965.
Marrou, Henri Irénée
　　　　De la connaissance historique, 3.
　　　　éd. Paris. 1958.
Popper, Karl Raimund
　　　　Logik der Forschung, Wien. 1935.
Rickert, Heinrich
　　　　Zur Lehre von der Definition, 3.
　　　　Aufl., Tübingen. 1929.
Rothacker, Erich
―――　Logik und Systematik der Geistes-
　　　　wissenschaften, München 1965.
―――　Die dogmatische Denkform in
　　　　den Geisteswissenschaften und
　　　　das Problem des Historismus,
　　　　Wiesbaden 1954.
Staiger, Emil
　　　　Die Kunst der Interpretation, 3.Aufl.,
　　　　Zürich 1961.
Wach, Joachim
　　　　Das Verstehen. Grundzüge einer
　　　　Geschichte der hermeneutischen
　　　　Theorie im 19. Jahrhundert, 3 Bde.
　　　　(Nachdruck), Hildesheim 1966.

Ⅱ　法学の歴史的形態について

1．ローマ法

Coing, Helmut
　　　　Zur Methodik der republikanischen
　　　　Jurisprudenz, in: Studi in onore
　　　　Vincenzo Arangio-Ruiz, Bd. I (1952),
　　　　S. 365 ff.
Bund, Elmar
　　　　Untersuchungen zur Methode
　　　　Julians, Köln/Graz 1965.
Himmelschein, J.
　　　　Studien zu der antiken Hermeneutica
　　　　iuris, in: Symbolac Friburgenses in
　　　　honorem O, Lenel (Leipzig 1931), S.
　　　　373 ff.
Kaser, Max
　　　　Zur Methode der römischen
　　　　Rechtsfindung, in: Nachrichten
　　　　d. Akad. d. Wiss., in Göttingen, I.
　　　　Philosophisch-Historische Klasse
　　　　(1962), Nr. 2, S. 49 ff.
　　　　＊Nr. は Nummer（ナンバー）の略。
Meyer, Ernst
　　　　Die Quaestionen der Rhetorik
　　　　und die Anfänge juristischer
　　　　Methodenlehre, in: ZS Rom. Abt.
　　　　Bd. 68 (1951), S. 30 ff. Nachtrag
　　　　a.a.O. Bd. 72 (1955), S. 357 ff.
　　　　**＊ZS Rom. Abt. は 雑誌 Zeitschrift
　　　　der Savigny-Stiftung für
　　　　Rechtsgeschichte. Romanistische
　　　　Abteilung. の略。**
　　　　**＊a.a.O. は am angegebenen Ort（前
　　　　掲）の略。ここでは、ZS Rom. Abt.**
Schmidlin, Bruno
　　　　Die römischen Rechtsregeln.
　　　　Versuch einer Typologie, Köln/ Wien
　　　　1970.
Schulz, Fritz
　　　　Geschichte der römischen Rechts-
　　　　wissenschaft, Weimar 1961.
Stroux, Johannes
　　　　Römische Rechtswissenschaft und
　　　　Rhetorik, Potsdam 1949.

2．中世法学

Coing, Helmut
　　　　Die Anwendung des Corpus Iuris in
　　　　den Consilien des Bartolus, in: Studi
　　　　in memoria di P. Koschaker, Bd. I
　　　　(1954), S. 71 ff.
Genzmer, Erich
　　　　Die justinianische Kodifikation
　　　　und die Glossatoren, in: Atti del
　　　　Congresso internazionale di diritto
　　　　romano, Bologna vol. I, Pavia 1934.
Gilson, Etienne
　　　　History of Christian Philosophy in
　　　　the Middle Ages, London 1954.
Grabmann, Martin
　　　　Die Geschichte der scholastischen

Methode, 2 Bde. Darmstadt 1956.
Kantorowicz, Hermann
    The Quaestiones Disputatae of the Glossators, in: Tijdschrift voor Rechtsgeschiedenis, Bd. 16 (1939), S. 1 ff.
Past, Gaines
    Studies in Medieval Legal Thought, Princeton 1964.
Weimar, Peter
    Argumenta Brocardica, in: Studia Gratiana, Bd. XIV (1967), S. 89 ff.

3．ドイツ・パンデクテン法学

Coing, Helmut
  —— Rechtsverhältnisse und Rechtsinstitutionen im allgemeinen und internationalen Privatrecht bei Savigny, in: Eranion in honorem G. S. Maridakis, Bd. 3 (1964), S. 19 ff.
  —— Der juristische Systembegriff bei Rudolf Ihering, in: Philosophie und Rechtswissenschaft. (Studien zur Philosophie und Literatur des 19. Jahrhunderts, Bd. 3), Frankfurt a.M. 1969.
Dernburg, Heinrich
    Pandekten, 7. Aufl., Bd. 1-3., Berlin 1902/1903.
    8. Aufl. (System des römischen Recht, bearb. von Paul Sokolowski), Berlin 1912.
    ＊bearb. は bearbeitet（編纂）の略。
Jhering, Rudolf von
    Geist des römischen Rechts auf den verschiedenen Stufen seiner Entwicklung, 5. Aufl., Leipzig 1891 ff. (insbes. Bd. II, 2).
    ＊insbes. は insbesondere（特に）の略。
Savigny, Friedrich Cal von
    System des heutigen römischen Rechts, 8 Bde., Berlin 1840-1849.
Wilhelm, Walter
  —— Zur juristischen Methodenlehre im 19. Jahrhundert, Frankfurt a.M. 1958.
  —— Überpositive Systematik in der historischen Rechtsschule, in: Philosophie und Rechtswissenschaft. (Studien zur Philosophie und Literatur des 19. Jahrhunderts, Bd. 3), Frankfurt a.M. 1969.

4．フランス註釈学派

Bonnecase, Julien
  —— L'école de l'exégèse en droit civil, Paris 1919.
  —— La pensée juridique française de 1804 à l'heure présente, Paris 1933.
Brocher, Ch.
    Etude sur les principes généraux de l'interprétation des lois, et spécialement du Code civil français, 1862.
Gaudemet, Eugène
    L'interpretation du Code civil en France depuis 1804, Basel 1935.
Gény, François
  —— Méthode d'interpétation et sources en droit privé positif. Essai cririque, 2 Bde. 2. éd., Paris 1932.
  —— Science et technique en droit privé positif. Nouvelle contribution à la critique de la méthode juridique, 2 Bde., Paris 1914, 1915.

5．英米法

Allen, Carlton K.
    Law in the Making, 7th ed., Oxford 1964.
Cardozo, Benjamin N.
    The Nature of Judicial Process, Yale 1960.
Cross, Rupert
    Precedent in English Law, 2nd ed., Oxford 1968.
Goodhart, Arthur L.
    Case Law in England and America, Essay in Jurisprudence, 1931.
James, Philipp S.
    Introduction to English Law, 7th ed., London 1969.
Lawson, F. H.
    The Rational Strength of English Law, Hamlyn Lectures, 3rd Series, London 1951.
Llewellyn, Karl N.
    Präjudizienrecht und Rechtsprechung in Amerika, Leipzig 1933.
Mawewll, P. B.
    On the Interpretation of Statute, 11th ed., London 1962.

Moore, R. F.
　State Decisis. Some Trends in British and American Application of Doctrine, New York 1958.
Peter, Hans
　Actio und Writ, Tübingen 1957.
Salmond, John W.
　The Theory of Judicial Precedent, in: Law Quarterly Review XVI (1900), S. 376 ff.
Schmitthoff, Clive M.
　Systemdenken und Fallrecht in der Entwicklung des englischen Privatrechts, in: JZ 1967, S. 1 ff.
　＊JZ は、雑誌 Juristen Zeitung の略。

III 法学方法論

1. 一般

Bartholomeyezik, Horst
　Die Kunst der Gesetzesauslegung, Frankfurt a.M. 1951.
Baumgarten, Arthur
　Grundzüge der juristischen Methodenlehre, Bern 1939.
Betti, Emilio
―― Interpretazione della legge e degli atti giuridici, Milano 1949.
―― Jurisprudenz und Rechtsgeschichte vor dem Problem der Auslegung, in: ARSP Bd. 40 (1952), S. 354 ff.
　＊ARSP は、雑誌 Archiv für Rechts- und Sozialphilosophie の略。
Brusiin, Otto
　Über das juristische Denken, Kopen-hagen/ Helsingfors 1951.
Burkhardt, Walther
　Methode und System des Rechts, Zürich 1936.
Capitant, Henri
　Les travaux préparatiores et l'interprétation des lois, Paris 1934.
Coing, Helmut
―― Die juristischen Auslegungsmethoden und die Lehren der allgemeinen Hermeneutik, Köln/ Opladen 1959.
――Rechtspolitik und Rechtsauslegung in hundert Jahren deutscher Rechtsentwicklung, in: Verhandlungen des 43. Deutschen Juristentages (München 1960) II, S. B 1 ff.
Engisch, Karl
―― Einführung in das juristische Denken, 4. Aufl., Stuttgart 1968.
―― Aufgaben einer Logik und Methodik des juristischen Denkens, in: Studium generale, Bd. 12 (1959), S. 76 ff.
―― Wahrheit und Richtigkeit im juristischen Denken. Vortrag. Münchner Univ.-Reden NF Heft 35 (1963).
Esser, Josef
―― Die Interpretation im Recht, in: Studium generale, Bd. 7 (1954), S. 372 ff.
―― Zur Methodenlehre des Zivilrechts, in: Studium generale, Bd. 12 (1959), S. 97 ff.
Hippel, Ernst von
　Einführung in die Rechtstheorie, Berlin 1932.
Kriele, Martin
―― Theorie der Rechtsgewinnung, entwickelt am Problem der Verfassungsinterpretation, Berlin 1967.
Larenz, Karl
　Methodenlehre der Rechtswissenschaft, 2. Aufl., Berlin/ Heidelberg/ New York 1969.
Levi, Edward H.
　An Introduction to Legal Reasoning, Chicago 1963.
Mennicken, Axel
　Das Ziel der Gesetzesauslegung. Eine Untersuchung zur subjektiven und objektiven Auslegungstheorie, Bad Homburg 1970.
Recaséns-Siches, Luis
　Nueva filosofia de la Interpretacion del Derecho, Mexico 1956.
Sauer, Wilhelm
　Juristische Methodenlehre. Zugleich eine Einleitung in die Methodik der Geisteswissenschaften, Stuttgart 1940.
Schack, Friedrich/ Michel, Helmut
　Die verfassungskonforme Auslegung, in: JuS 1961, S. 269 ff.
　＊JuS は、雑誌 Juristische Schulung の略。

Stammler, Rudolf
Theorie der Rechtswissenschaft, Halle 1911.

Van der Eycken, Paul
Méthode positive de l'interprétation juridique, Bruxelles 1907.

Zweigert, Konrad
Juristische Interpretation, in: Studium generale, Bd. 7 (1954), S. 380 ff.

2．特別の方法

Coing, Helmut
—— Zur Geschichte des Privatrechtssystems, Frankfurt a.M. 1962.
—— Bemerkungen zum überkommenen Zivilrechtssystem, in: Festschrift für Dölle, Bd. I (1963), S. 23 ff.

Crawshey-Williams, Rupert
Methods and Criteria of Reasoning. An Inquiry into the Structure of Controversy, London 1957.

Danckert, Peter
Die Grenze zwischen der extensiven Auslegung und der Analogie im Strafrecht, Diss. Kölin. 1967.
＊Diss. は、Dissertation（博士学位請求論文）の略。

Diederichsen, Uwe
Topisches und systematisches Denken in der Jurisprudenz, in: NJW 1966, S. 697-705.
＊NJW は、雑誌 Neue Juristische Wochenschrift の略。

Dubischar, Rolf
Über die Grundlagen der schulsystematischen Zweiteilung der Rechte in sog. Absolute und relative, Diss. Tübingen 1961.

Edelmann, Johann
Die Entwicklung der Interessenjurisprudenz, Bad Homburg 1967.

Forsthoff, Ernst
Zur Problematik der Verfassungsauslegung, Stuttgart 1961.

Heck, Philipp
—— Gesetzesauslegung und Interessenjurisprudenz, Tübingen 1914.
—— Das Problem der Rechtsgewinnung, 2. Aufl., Tübingen 1932.
—— Begriffsbildung und Interessenjurisprudenz, Tübingen 1932.

—— Rechtserneuerung und juristische Methodenlehre, Tübingen 1936.

Heitmann, Hermann
Die Stellung der Interessenjurisprudenz innerhalb der Geschichte der juristischen Methodenlehre, Diss. Tübingen 1936.

Hering, Carl Joseph
Die Methodik des kanonischen Rechts, in: Studium generale, Bd. 13 (1960), S. 211 ff.

Hinderling, Hans Georg
Rechtsnorm und Verstehen. Die methodischen Folgen einer allgemeinen Hermeneutik für die Prinzipien der Verfassungsauslegung. (Abh. zum schweiz. Recht 407), Bern 1971.
＊Abh. は Abhandlung（論文）の略。

Hippel, Fritz von
Zur Gesetzmäßigkeit juristischer Systembildung, Berlin 1930.

Horn, Norbert
Zur Bedeutung der Topiklehre Theodor Viehwegs für eine einheitliche Theorie des juristischen Denkens, in: NJW 1967, S. 601 ff.

Jescheck, Hans-Heinrich
Methoden der Strafrechtswissenschaft, in: Studium generale, Bd. 12 (1959), S. 107 ff.

Kaufmann, Horst
Zur Geschichte des aktionenrechtlichen Denkens, in: JZ 1964, S. 1 ff.

Kramer, Ernst A.
Topik und Rechtsvergleichung, in: RabelsZ Bd. 33 (1969), S. 1 ff.
＊RabelsZ は、雑誌 Rabels Zeitschrift für ausländisches und internationales Privatrecht の略。

La Pira, Giorgio
La genesi del sisterna nella giurisprudenza Romana.
I. Problemi generali, in: Studi in onore di F. Virgili (1935).
II. L'artc sistematrice, in: Bullettion dell' Istitituto di diritto Romano 42 (1934), S. 336 ff.
III. Il metodo, in: Stusia et Documenta Historiae et Iuris I (1935), S. 319 ff.
IV. Il eoncetto di scienza, in: Bullettino 44 (1936), S. 131 ff.

Mertner, Edgar (1956),
　　Topos und Commonplace, in: Festschrift für Otto Ritter (Halle a.d.S.1956), S. 178 ff.
Müller-Erzbach, Rudolf (1929),
　　Reichsgericht und Interessenjurisprudenz. Die Reichsgerichtspraxis im deutschen Rechtsleben, Berlin/ Leipzig.
Oertmann, Paul
　　Interesse und Begriff in der Rechtswissenschaft, Leipzig 1931.
Perelman, Chaim
――― Rhétorique et philosophie, Paris 1952.
――― La nouvelle rhétorique. Traité de l'argumentation, Paris 1958.
――― The idea of Justice and the Problem of Argument, London 1963.
――― Justice et raison, Bruxelles 1963.
Saleilles, Raymond
　　Quelques mots sur le rôle de la méthode historique dans l'enseignement du droit, in: Revue Internationale de l'Enseignement, Bd. XIX (1890), S. 482 ff.
Savigny, Friedrich Carl von
　　Juristische Methodenlehre. Nach der Ausarbeitung des Jakob Grimm hrsg. von Gerhard Wesenberg, Stuttgart 1951.
　　＊ hrsg. は herausgegeben（編纂）の略。
Schneider, Egon
　　Rechtspraxis und Rechtswissenschaft. Gedanken zur Methodenlehre, in: MDR 1967, S. 6 ff.
　　＊ MDR は、雑誌 Monatsschrift für Deutsches Recht の略。
Schneider, Peter/ *Ehmke*, Horst
　　Prinzipien der Verfassungsinterpretation, in: VVdStRL Bd. 42 (1963), S. 1 ff., 53 ff.
　　＊ VVdStRL は、雑誌 Veröffentlichungen der Vereinigung der Deutschen Staatsrechtslehrer の略。
Schwarz, Andreas B.
　　Zur Entstehung des Modernen Pandektensystems, in: ZS Rom. Abt. Bd. 42 (1921), S. 578 ff.
Stoeckli, Walter A.
　　Topic and Argumentation, in: ARSP Bd. 54 (1968), S. 581 ff.
Stoll, Heinrich
　　Begriff und Konstruktion in der Lehre der Interessenjurisprudenz, in: Festgabe für Philipp Heck, Max Rümelin, Arthur Benno Schmidt (=AcP Bd. 133), 1931, S. 60 ff.
　　＊ AcP は、雑誌 Archiv für die civilistische Praxis の略。
Stone, Julius
　　Legal System and Lawyers' Reasonings, Stanford 1964.
Troje, Hans-Erich (1969),
　　Wissenschaftlichkeit und System in der Jurisprudenz des 16. Jahrhunderts, in: Philosophie und Rechtswissenschaft, S. 63 ff.
Viehweg, Theodor
　　Topik und Jurisprudenz, 4. Aufl., München 1969.
　　dazu Coing, in: ARSP Bd. 41 (1955), S. 436 ff.
　　＊ dazu（それに加える文献として）。
Walter Max
　　Topik und richtiges Recht, Diss. Zürich 1971.
Weber, Friedrich
　　Zur Methodik des Prozeßrechts, in: Studium generale, Bd. 13 (1960), S. 183 ff.
Wieacker, Franz
――― Zum System des deutschen Vermögensrechts, Leipzig 1941.
――― Notizen zur rechtshistorischen Hermeneutik, Göttingen 1963.
Wilburg, Walter
　　Entwicklung eines beweglichen Systems im bürgerlichen Recht, Graz 1950.
Zajtaj, Imre
　　Begriff, System und Präjudiz in den kontinentalen Rechten und im Common Law, in: AcP 165 (1965), S. 97 ff.
Zweigert, Konrad
　　Zur Methode der Rechtsvergleichung, in: Studium generale, Bd. 13 (1960), S. 193 ff.

3．論理学および法学

Ajdukiewiez, Kazimierz

Abriß der Logik, Berlin 1958.
Bochénski, I. M.
Formale Logik, Freiburg 1956.
Carnap, Rudolf
Einführung in die symbolische Logik mit besonderer Berücksichtigung ihrer Anwendungen, 3. Aufl., Wien/ New York 1968.
Juhas, Béla
Elemente der neuen Logik, Wien 1954.
Kneale, William and Martha
The Development of Logic, Oxford 1962.
Kamlah, Wilhelm
Wissenschaft, Wahrheit, Existenz, Stuttgart 1960.
Lorenzen, Paul
Formale Logik, 4. Aufl., Berlin 1970.
Menne, Albert
Einführung in die Logik, Bern 1966.
Sigwart, Christoph
Logik, 2 Bde. 5. Aufl., Tübingen 1924.
Stegmüller, Wolfgang
Das Wahrheitsproblem und die Idee der Semantik, Wien 1951.
Ehrlich, Eugen
Die juristische Logik, Aalen 1966. (Neudruck der 2. Aufl. Tübingen 1925).
* **Neudruck（新版）。**
Forsthoff, Ernst
Recht und Sprache. Prolegomena zu einer richterlichen Hermeneutik, Darmstadt 1964.
Kalinowski, Georges
Intoduction à la logique juridique. Vorwort von Chaim Perelman, Paris 1965.
Klug, Ulrich
Juristische Logik, 3. Aufl., Berlin/ Heidelberg 1966.
Lampe, Ernst-Joachim
Juristische Semantik, Bad Homburg 1970.
Radbruch Gustav
Klassenbegriff und Ordnungsbegriff im Rechtsdenken, in: Revue Internationale de la Théorie du Droit, Bd. 12 (1938, Neudruck 1966), S. 46 ff.

Recaséns-Siches, Luis
The Logic of the Reasonable as Differentiated from the Logic of the Rational (Human Reason in the Making and the Interpretation of the Law), in: Essays in Jurisprudence in Honor of Roscoe Pound (1962), S. 192 ff.
Rödig, Jürgen
Die Denkform der Alternative in der Jurisprudenz, Berlin/ Heidelberg 1969.
Schneider, Egon
Logik für Juristen. Die Grundlegen der Denklehre und der Rechtsanwendung, Berlin/ Frankfurt a.M. 1969.
Schreiber, Rupert
Logik des Rechts, Berlin/ Göttingen/ Heidelberg 1962.
Steinwenter, Artur
—— Prolegomena zu einer Geschichte der Analogie I, in: Festschrift Fritz Schulz, Bd 2 (1951), S. 345 ff.
—— Prolegomena zu einer Geschichte der Analogie II, in: Studi in onore di Vincenzo Arangio-Ruiz, Bd. 2 (1953), S. 169 ff.
—— Analoge Rechtsanwendung im Römischen Recht, in: Studi in memoria di Albertatrio, Bd. 2 (1953), S. 105 ff.
Strache, Karl-Heinz
Das Denken in Standards. Zugleich ein Beitrag zur Typologie, Berlin 1968.
Viehweg, Theodor
La logique moderne du droit, in: Archives de Philosophie du Droit, Bd. 11 (1966), S. 207 ff.
Wagner, Heinz/ *Hagg*, Karl
Die moderne Logik in der Rechtswissenschaft, Bad Homburg 1970.
Weinberger, Ota
Rechtslogik. Versuch einer Anwendung moderner Logik auf das juristische Denken, Wien/ New York 1970.

IV 法規の適用および法の継続形成

1. 法規の適用

Binding, Karl
　　Handbuch des Strafrecht. Bd. 1., Leipzig 1885.
Bülow, Oskar
　　Gesetz und Richteramt, Leipzig 1885.
Brütt, Lorenz
　　Die Kunst der Rechtsanwendung, Berlin 1907.
Burckhardt, Walther
　　Die Lücken des Gesetzes und die Gesetzesauslegung, Bern 1925.
Canaris, Clasu-Wilhelm
　　Die Feststellung von Lücken im Gesetz, Berlin 1964.
Engisch, Karl
　　── Die Idee der Konkretisierung in Recht und Rechtswissenschaft unserer Zeit, Heidelberg 1953.
　　── Logische Studien zur Gesetzesanwendung, 3. Aufl., Heidelberg 1963.
Esser, Josef
　　Vorverständnis und Methodenwahl in der Rechtsfindung. Rationalitätsgarantien der richterlichen Entscheidungspraxis, Frankfurt a.M. 1970.
Flume, Werner
　　Richter und Recht, München/ Berlin 1967.
Germann, Oskar Adolf
　　── Auslegung und freie Rechtsfindung, Bern 1941.
　　── Probleme und Methoden der Rechtsfindung. 2. Aufl., Bern 1967.
　　── Zum Verhältnis zwischen Rechtsquellen und Rechtsfindung, in: Festschrift Hans Lewald (Basel 1953), S. 485 ff.
　　── Präjudizien als Rechtsquelle. Eine Studie zu den Methoden der Rechtsfindung, Stockholm 1960.
Heller, Theodor
　　Logik und Axiologie der analogen Rechtsanwendung, Berlin 1961.
Isay, Hermann
　　Rechtsnorm und Entscheidung, Berlin 1929.
Kohler, Josef
　　Lehrbuch des Bürgerlichen Rechts. Bd.1. Allgemeiner Teil, Berlin 1906.
Liver, Peter
　　Der Wille des Gesetzes. Rektoratsrede, Bern 1954.
Meier-Hayoz, Artur
　　Der Richter als Gesetzgeber. Eine Besinnung auf die von den Gerichten befolgten Grundsätze im Bereich der freien richterlichen Rechtsfindung gem. Art. 1 Abs. 2 des schweiz. Zivilgesetzbuches, Zürich 1951.
Du Pasquier
　　Les lacunes de la loi et la jurisprudence suisse sur l'Article 1er CCS, 1951.
Reinhardt-König
　　Richter und Rechtsfindung. Von Rudolf Reinhardt und Wilhelm König. Zwei Vorträge, München/ Berlin 1957.
Rumpf, Max
　　Gesetz und Richter. Versuch einer Methodik der Rechtsanwendung, Berlin 1906.
Sax, Walter
　　Das strafrechtliche Analogieverbot, Göttingen 1953.
Scheuerle, Wilhelm A.
　　Rechtsanwendung, Nürnberg/ Düsseldorf 1952.
Schneider, Egon
　　Die Methode der Rechtsfindung, in: MDR 1963, S. 99 ff.
Zitelmann, Ernst
　　Lücken in Recht, Leipzig 1903.

2. 法の継続形成

Arndt, Adolf
　　Gesetzesrecht und Richterrecht, in: NJW 1963, S. 1273 ff.
Bachof, Otto
　　Grundgesetz und Richtermacht, Rede, Tübingen 1959.
Betti, Emilio
　　Ergänzende Rechtsfortbildung, in: Festschrift für Leo Raape (Hamburg 1948), S. 379 ff.

Danz, Erich
  Richterrecht, Berlin 1912.
Esser, Josef
—— Grundsatz und Norm in der richterlichen Fortbildung des Privatrechts, 2. Aufl., Tübingen 1964.
—— Richterrecht, Gerichtsgebrauch und Gewohnheitsrecht, in: Festschrift für Fritz von Hippel (Tübingen 1967), S. 95 ff.
Fuchs, Ernst
—— Gerechtigkeitswissenschaft. Ausgewählte Schriften zur Freirechtslehre. Hrsg. v. A. S. Foulkes und Arthur Kaufmann, Karlsruhe 1965.
  *Hrsg. は Herausgeber (編者) の略。
—— Juristischer Kulturkampf, Karlsruhe 1912.
Gnaeus Flavius (=Hermann Kantorowicz)
  Der Kampf um die Rechtswissenschaft, Heidelberg 1906.
Hedemann, Justus Wilhelm
  Die Flucht in die Generalklauseln, Tübingen 1933.
Larenz, Karl
—— Wegweiser zu richterlicher Rechtsschöpfung, in: Festschrift für Arthur Nikisch (Tübingen 1958), S. 275 ff.
—— Kennzeichen geglückter richterlicher Rechtsfortbildungen. (Vortrag), Karlsruhe 1965.
—— Richterliche Rechtsfortbildung als methodisches Problem, in: NJW 1965, S. 1 ff.
Less, Günter
  Von Wesen und Wert des Richterrechts, Erlangen 1954.
Reichel, Hans
  Gesetz und Richterspruch, Zürich 1915.
Sauer, Wilhelm
  Die grundsätzliche Bedeutung der höchstrichterlichen Rechtsprechung für Praxis und Wissenschaft, in: Die Reichsgerichtspraxis im deutschen Rechtsleben. Festgabe der jur. Fakultäten zum 50jähr. Bestchen des Reichsgerichts. Bd. I (1929), S. 122 ff.
Schmidt, Eberhard
  Gesetz und Richter. Wert und Unwert des Positivismus. (Vortrag), Karlsruhe 1952.
Schweizer, Otto
  Freie richterliche Rechtsfindung intra legem als Methodenproblem, Basel 1959.
Weinkauff, Hermann
  Richtertum und Rechtsfindung in Deutschland, in: Berliner Kundgebung 1952 des Dt. Juristentages (Tübingen 1952), S. 13 ff.
Werner, Fritz
—— Das Problem des Richterstaates (Vortrag), Berlin 1960.
—— Zum Verhältnis von gesetzlichen Generalklauseln und Richterrecht, Karlsruhe 1966.
Westermann, Harry
  Wesen und Grenzen der richterlichen Streitentscheidung im Zivilrecht, Münster 1955.
Wieacker, Franz
  Gesetz und Richterkunst. Zum Problem der außergesetzlichen Rechtsordnung. Schriftreibe der jur. Studienges, Karlsruhe, Heft 34 (1958).

《日本語文献》（編著者名の五十音順による。入門的なものに限る）

青井秀夫『法理学講義』（有斐閣，2007）。
碧海純一＝伊藤正己＝村上淳一編『法学史』（東京大学出版会，1976）。
石田穣『法解釈学の方法』（青林書院，1976）。
石部雅亮「法解釈方法の比較史」南山大学ヨーロッパ研究センター報 16 号（2010）1-13 頁。
磯村哲「法解釈方法の諸問題」磯村哲編『現代法学講義』（有斐閣，1978）。
甲斐道太郎『法の解釈と実践（新版）』（法律文化社，1980）。
クラウス=ウィルヘルム・カナリス／木村弘之亮代表訳『法律学における体系思考と体系概念——価値判断法学とトピク法学の懸け橋』（慶應義塾大学出版会，1996）。
川島武宜『民法解釈学の諸問題』（弘文堂，1949）。
——『「科学としての法律学」とその発展』（岩波書店，1987）。
来栖三郎「法の解釈と法律家」私法 11 号（1954）16-25 頁。
児玉寛「サヴィニーと『法律解釈の一義的明確性ルール』・断章 1」河内宏ほか編『市民法学の歴史的思想的展開』（信山社，2006）所収 243-274 頁。
笹倉秀夫『法解釈講義』（東京大学出版会，2009）。
ヤン・シュレーダー／石田雅亮編訳『トーピク・類推・衡平——法解釈方法論史の基本概念』（信山社，2000）。
田中成明『法的思考とはどのようなものか』（有斐閣，1989）。
田中教雄「わが国における概念法学批判と民法の適用における法的三段論法の役割——ひとつの覚書」河内宏ほか編・前掲 97-133 頁。
棚瀬孝雄『紛争と裁判の法社会学』（法律文化社，1992）。
林修三『法令解釈の常識（第 2 版）』（日本評論社，1975）。

原島重義『法的判断とは何か』（創文社，2002）。
平井宜雄『法律学基礎論覚書』（有斐閣，1989 年／オンデマンド版，2001 年）。
——『続・法律学基礎論覚書』（有斐閣，1991 年／オンデマンド版 2001 年）。
広中俊雄『民法解釈方法に関する 12 講』（有斐閣，1997）。
テオドール・フィーヴェク／植松秀雄訳『トピクと法律学——法学的基礎研究への一試論』（木鐸社，1973）。
星野英一「民法解釈論序説」同『民法論集第 1 巻』（有斐閣，1970）所収 1-47 頁。
——「『民法解釈論序説』補論」同上所収 48-67 頁。
——「民法の解釈の方法について」同『民法論集第 4 巻』（有斐閣，1978）所収 63-105 頁。
——「戦後の民法解釈学方法論研究ノート」同『民法論集第 5 巻』（有斐閣，1986）所収 1-68 頁。
——「民法学の方法に関する覚書」同上 69-143 頁。
——「日本の民法解釈学」同上 215-251 頁。
前田達明「法解釈への提言——民法学において」同志社法学 56 巻 6 号（2005）。
山下純司＝島田聡一郎＝宍戸常寿『法解釈入門——『法的』に考えるための第一歩』（有斐閣，2013）。
吉田利宏「新・法令解釈・作成の常識(1)〜(20)」法学セミナー 714 号（2014）〜733 号（2016）。
カール・ラーレンツ／米山隆訳『法学方法論（第 6 版）』（青山社，1998）。

基本用語訳語一覧

本訳書では，以下の基本用語にはそれぞれの用語に併記した訳語を当てた。

Analogie 類推	法の理由
Analogieschluß 類推による推論	rechtlich 法的な
Anschauung 直観〔的観念〕，〔直観的〕表象，観念，見方	Rechtsgelehrte 学識法曹，法律学者
Auslegung 解釈	Rechtsregel 法原則，法的規則
Canon 規準，教理	Rechtsstreit 法的紛争，訴訟
Darstellung 記述，叙述，陳述	Rechtsurteil 法的判断，判決
Disputation 論争	Rechtswille 法律意思
Entscheidung 裁判，決断	Rechtswissenschaft 法学
Erörterung 討論，論究	Regel 原則，規則
ethisch 倫理学的，道義的	Regelung 規制
gerecht 正当〔的〕な	sittlich 倫理的，人倫的
geschichtlich 歴史的	Sittlichkeit 倫理性，人倫
Gesetz 法規，法律	Tatumstände 行為の諸々の状況
Grundsatz 基本原則	Text テクスト，法文
Hermeneutik 解釈学	Umkehrschluß 反転推論
historisch 歴史学的	Urheber 著作者，原作成者
Interpretation 解釈	Urteil 判断，判決
Jurist 法律家	Verschulden 落度（越度），過責
juristisch 法律学的な，法律学の	
Juristische Logik 法律学的論理学	
Jurisprudenz 法律学	
legitim 正統〔的〕な	
Ratio legis 法の理性，法の根拠，	

学説彙纂

以下は，本書の本文および注に引用された『学説彙纂』[Digesta] の該当箇所のテクストである。『学説彙纂』は，東ローマ皇帝ユスティニアヌスの命により，法学者トリボニアヌスらが編纂した学説集である (533 年公布)。原文 (ラテン語) は，Iusitiani Digesta, Recognovit Theodorus Mommusen, Berolini, Apud Weidmannos, MDCCCLXXII [1872] による。

学説彙纂	原　文
Papinianus, Digesta I.1.7.1〔36 頁注 3〕 　法務官法は，法務官が，公共の福祉のために，市民法を支持し，補充し，または修正する目的で導入したものである。それは，法務官の「名誉」が認められるようになった後には，名誉法とも呼ばれた。	Ius praetorium est, quod praetores introduxerunt adiuvandi vel supplendi vel corrigendi iuris civilis gratia propter utilitam publicam. quod et honorarium dicitur ad honorem praetorum sic nominatum.
Celsus, Digesta I. 3. 24〔61 頁注 7〕 　法全体を考慮に入れることなしに，法の特定の部分に基づいて，判決を下すことも，鑑定意見を述べることも，不（作）法である。	Incivile est nisi tota lege perspecta una aliqua particula eius proposita iudicare vel respondere.
Africanus, Digesta 12.6.38 pr.〔38 頁注 15〕 　兄弟の一方が他方から，両者がその父の家父権の下にある間に，金銭を借り受け，その父の死後にこれを返済した。その者がこれを返還請求しうるかどうかが問われた。彼〔ユリアヌス〕は鑑定意見において，つぎのように判断した。すなわち，その者自身が父から相続した分についてはともかく返還請求できる。しかし，兄弟の他方が相続した持分に関しては，特有財産の中から，残りの返済額よりも少なくない分の返済がその他方の兄弟に求められる。というのも，自然債務は，それが成立すると，その兄弟の一方が特有財産の相応部分を〔相続によって〕取得したことにより，消滅したものとみなされるからである。さらに，この差引計算は，特有財産が，同時に債務者でもある息子に先取遺贈され，その結果，それに基づく債務の控除がこの兄弟の一方によって行われた場合に妥当する。これはユリアヌスが承認した見解とまさに一致する。それは，息子が外部者	Frater a fratre, cum in eiusdem potestate essent, pecuniam mutuatus post mortem patris ei solvit: quaesitum est, an repetere possit. Respondit utique quidem pro ea parte, qua ipse patri heres exstitisset, repetiturum, pro ea vero, qua frater heres exstiterit, ita repetiturum, si non minus ex peculio suo ad fratrem pervenisset: naturalem enim obligationem quae fuisset hoc ipso sublatam videri, quod peculii partem frater sit consecutus, adeo ut, si praelegatum filio eidemque debitori id fuisset, deductio huius debiti a fratre ex eo fieret. Idque maxime consequens esse ei sententiae, quam Iulianus probaret, si extraneo quid debuisset et ab eo post mortem patris exactum esset, tantum iudicio eum familiae herciscundae reciperaturum a coheredibus fuisse, quantum ab his creditor actione de peculio consequi potuisset. Igitur et si re integra familiae herciscundae agatur, ita peculium dividi

127

に対して何がしかの債務を負い，その父の死後にこの外部者が訴えを提起した場合，この息子は，債権者が特有財産を理由とする訴えによってこの息子から取得し得たであろうと同様のものを，遺産分割の訴えによって他の共同相続人から獲得するであろうというものである。それゆえに，遺産分割訴訟が提起された場合には，まだ債権者に何ら給付がされていない限り，債権者が共同相続人によってその持分に応じて弁済されるのと同じ方法で特有財産を分割することが正当であろう。その結果，外部者に対して保護されなければならない者は，いわんやその者が兄弟の他方に対して負っていたものに関しては，補償されるべきである，というものである。	aequum esse, ut ad quantitatem eius indemnis a coherede praestetur: porro eum, quem adversus extraneum defendi oportet, longe magis in eo, quod fratri debuisset, indemnem esse praestandum.
Paulus, Digesta 32. 25. 1 〔61頁注9〕 　用いられた言葉に曖昧な点がない場合には，遺言者の意図に関してどのような疑問も提起されるべきでない。	Cum in verbis nulla ambiguitas est, non debet admitti voluntatis quaestio.
Paulus, Digesta 50.17.1 〔17頁〕 　原理とは，存在する事物を簡潔に説明するものである。法が原理から導き出されるのではなく，存在する法から原理が生まれるのである。したがって，原理によって事物についての簡潔な言明が与えられ，そして，サビヌスがいうように，同様に事案についての簡略な説明が与えられ，そして，それは何らかの事案に誤って持ち込まれると同時に，その妥当性を失うのである。	Regula est, quae rem quae est breviter enarrat. Non ex regula ius sumatur, sed ex iure quod est regula fiat. Per regulam igitur brevis rerum narratio traditur, et, ut ait Sabinus, quasi causae coniectio est, quae simul cum in aliquo vitiata est, perdit officium suum.

人名・事項索引

〈人名〉

あ行

イェーリング [Rudolf von Jhering] 24, 38
イザイ [Hermann Isay] 69, 71
エッサー [Josef Esser] 94
エルツバッハ [Rudolf Müller-Erzbach] 54

か行

カードーゾ [Benjamin Nathan Cardozo] 31, 33, 104
ガイウス [Gaius] 18
カウフマン [Erich Kaufmann] 74
カント [Innmanuel Kant] 6
カントロヴィッツ [Hermann Kantorowicz] 15, 36, 87
キルヒマン [Julius Hermann von Kirchmann] 109
クック [Sir Edward Coke] 29
グラティアヌス [Gratianus] 18
グリム [Jakob Grimm] 61
ケーラー [Köhler] 105
コーラー [Josef Kohler] 55

さ行

サヴィニー [Friedrich Carl von Savigny] 22, 37
サレイユ [Raymond Saleilles] 27
ジェニー [François Gény] 85, 90, 92
シュタイガー [Emil Staiger] 43
シュライエアマッハー [Friedrich Schleiermacher] 42, 56
シュミット [Carl Schmitt] 69
ジョスラン [Étienne Louis Josserand] 27
スタンダール [Stendhal] 47
ストーン [Julius Stone] 85
ズルエタ [Francis de Zulueta] 36
ゾーム [Gotthold Julius Rudolph Sohm] 24, 103

た行

デュルタイ [Wilhelm Christian Ludwig Dilthey] iv, 46
ドマ [Jean Domat] 37

は行

バーク [Edmund Burke] 110
ハルトマン [Nicolai Hartmann] 96
ビンディング [Karl Lorenz Binding] 55
ブラクトン [Henry de Bracton] 28
フランク [Jerome New Frank] 69, 71
ベーコン [Francis Bacon] 34
ヘック [Philipp von Heck] 3
ポティエ [Robert-Joseph Pothier] 33
ボルノウ [Otto Friedrich Bollnow] 86

ら行

ラムス [Petrus Ramus] 100
リーヴァイ [Edward Levi] 32
リッケルト [Heinrich John Rickert] 73
リンネ [Carl von Linné] 67
ルウェリン [Karl Nicerson Llwellyn] 65

(事項)

あ行

アクチオ　　110
アングロサクソン　　21
安定性　　30
一般的解釈学　　47
一般的観念　　66
イデオロギー　　69, 75
イングランド法　　28
英米法　　27
演繹　　104
応用精神科学　　2, 108
落度　　27
思いつき　　69

か行

懐疑論的思考方法　　96
解釈　　i, iii, 7, 42, 53, 60, 84
解釈学　　ii, 8, 42
解答　　6, 16, 20
概念法学　　24, 82
学識法曹　　109
学説　　89, 90
拡張的解釈　　84
学問的思考　　24
過責　　27
家族　　101
価値観点　　74
考えつつ行う服従　　68, 74
慣習法　　89
鑑定書　　20
観点　　85
記述　　100
記述の体系　　115
技術的解釈　　46, 53, 60, 114
規定　　89
帰納　　104
帰納的一経験的方法　　32
規範仮説　　62
規範の体系　　100, 115
客観性　　42, 47
客観説　　55, 58, 83
客観的な解釈原理　　38
教会法　　18
教会法大全　　19

教授　　100
教授の体系　　100, 102, 115
ギリシャの学問方法論　　100
ギリシャの学問理論　　17
啓蒙主義　　80
契約　　23, 103, 107
ケース・メソッド　　32
権威　　6, 16, 18, 20
限界事案　　64
言語　　42-44, 49, 56
現実主義　　68
現象学的方法　　2
原初の解釈　　61
原則　　7, 22, 29, 30
現代倫理学　　3
原典　　20
言明　　3
権利　　36
原理　　17, 21
権力状態　　54
権力分立論　　25
構成　　23, 24
構想　　96
皇帝の諸問会議　　16
高等法院　　34
個別論　　19, 39
コモン・ロー　　29
婚姻　　22, 101

さ行

裁判官　　64, 68, 70, 75, 80, 87, 89, 91
裁判官法　　27, 93
裁判規範　　64
錯誤　　107
産業革命　　107
事案　　7
自然法　　53
自然法論　　101
実質的意義　　44, 53, 60
実証主義　　25
実践　　ii, 108
実定法　　22, 24
私的自治　　107
指導概念　　100, 101
事物の本性　　37, 103
死文　　86

市民法　　　15
社会学的解釈　　　51
社会的効用　　　92
自由　　　107
自由な探求　　　92
自由法　　　88
自由法学派　　　68
種類概念　　　73
助言　　　20
所有権　　　19, 23, 101, 103, 107
自律性　　　42
真実　　　45
心情の文化　　　72
親族　　　22
人的エトス　　　74
推論　　　3
スコラ学的法学　　　15, 18
正義　　　53, 74, 109
正義の諸原則　　　53, 92, 102
正義の諸原理　　　110
正義の理論　　　75
清潔さ　　　9
制限的解釈　　　84
精神科学　　　iii, 2, 99, 108
正当　　　33
正統的　　　85
先例　　　28
先例拘束性　　　30
相続権　　　22

　　　た 行

体系　　　23, 49, 102
体系的—演繹的方法　　　32
体系的思考方法　　　96
体系的法律学　　　99
大陸の法律家　　　21
正しいこと　　　6
知性の文化　　　72
秩序命題　　　47
秩序問題　　　57, 59, 107
註釈学派　　　25, 37
超越的意義　　　46, 57, 61
著者の人格　　　43, 45, 51
直観　　　22, 69, 71, 77
適用　　　64, 71
哲学的思考　　　6
伝統　　　89

統一性　　　43, 48
当事者意思　　　50
道徳　　　92
道理　　　92
討論　　　39
トピク　　　60, 97

　　　は 行

発生学的解釈　　　43, 50
判決理由　　　30
反対推論　　　82, 84
判断　　　7
パンデクテン法学　　　8, 20, 101, 103
判例　　　90
比較　　　46, 57, 107
比較法　　　92, 106
非国家的法　　　88
必要的審理手続　　　80
被覆の法則　　　37
評価　　　68, 70
平等　　　107
父権　　　22, 101
普通法　　　18
不法　　　6
平和秩序　　　1
ヘルメノイティーク　　　ii, 42
弁論術　　　18
法　　　iv, 6, 36, 113
法学　　　i, iv, 1, 99, 113
法学的認識　　　iv
法規　　　29, 36, 69, 89
法規における欠缺　　　82, 87, 90
法規の編纂者　　　51, 59, 106
法教育　　　77
法源　　　25, 30, 33
法原則　　　29, 37
方式書　　　28
法制史　　　106
法制度　　　22, 37, 101
包摂　　　65, 68, 70, 73
法創造　　　85, 94
法的確実性　　　30, 76
法適用　　　65, 70, 72
法における欠缺　　　8
法の継続形成　　　86, 90
法の実現　　　74

法の存在　　　iv, 113
法の認識　　　iv, 113
法の理性　　　54, 58
法務官の告示　　　16
法務官法　　　15
法律家　　　6
法律学　　　i, 8, 99
法律学的解釈　　　47, 97
法律学的解釈学　　　8, 98
法律学的概念化　　　31
法律学的思考　　　6
法律学的体系　　　102, 105
法律学的包摂　　　67
法律学的理念　　　106
法律学的論理学　　　3, 82
法律関係　　　37
法律なければ刑罰なし　　　91

ま行

マグナ・カルタ　　　61
マルクス主義的法理論　　　69
民族精神　　　22, 56
目的　　　68
目的―手段関係　　　71
目的論的考量　　　67, 68
目的論的な法適用　　　75

問題　　　96
問題志向　　　33
誘導関連　　　100

や・ら行

用心　　　7, 14
リーディング・ケース　　　32
利益法学　　　3, 50
理性　　　110
立法者　　　50, 51, 89, 91
立法者意思　　　50
立法論　　　93
倫理学　　　1
倫理的教化　　　72
倫理的判断　　　72
類推　　　26, 35, 82-84
令状　　　28
歴史学的解釈　　　50, 52, 53, 59, 106, 114
歴史法学派　　　52
ローマ法大全　　　18, 19
論拠　　　97, 98
論証　　　82, 83
論争問題　　　19, 36
論理学　　　19, 39

【著者紹介】
ヘルムート・コーイング（Helmut Coing）

1912年，ドイツのツェレ（Celle）に生まれる。キール，ミュンヘン，ゲッティンゲン，リール，フランクフルトの各大学で学ぶ。1941年，フランクフルト大学教授（ローマ法，民法）。マックス－プランク・ヨーロッパ法史研究所所長等を歴任し，2000年，フランクフルトで死去。民法，法制史，法哲学に関する多数の著作がある。その主要なものは，以下のとおりである。

Die Frankfurter Reformation von 1578 und das Gemeine Recht ihrer Zeit, Frankfurt am Main 1935 (Dissertation).

Die Rezeption des römischen Rechts in Frankfurt am Main. Ein Beitrag zur Rezeptionsgeschichte, Frankfurt am Main 1939, 2. Auflage 1962 (Habilitation).

Die obersten Grundsätze des Rechts, 1947.

Grundzüge der Rechtsphilosophie, 1950 (4. Auflage 1985; 5. Auflage 1993).

Erbrecht, Hrsg.: zusammen mit Theodor Kipp, 1953 (13. Auflage 1978; ab 14. Auflage unter der Bezeichnung Kipp-Coing: Erbrecht, 1990).

Römisches Recht in Deutschland, 1964.

Epochen der Rechtsgeschichte in Deutschland, München 1. Auflage 1967, 1976.

Die ursprüngliche Einheit der europäischen Rechtswissenschaft, 1968.

Die Treuhand kraft privaten Rechtsgeschäfts, 1973.

Europäisches Privatrecht, Bd. 1: Älteres Gemeines Recht (1500-1800), München 1985.

Europäisches Privatrecht 1800-1914, München 1989.

Hrsg.: Handbuches der Quellen und Literatur der neueren europäischen Privatrechtsgeschichte, Frankfurt am Main 1973 ff.

Gesammelte Aufsätze zu Rechtsgeschichte, Rechtsphilosophie und Zivilrecht, 1947-1975, 2 Bände, hrsg. von Dieter Simon, Frankfurt am Main 1982.

Für Wissenschaften und Künste: Lebensbericht eines europäischen Rechtsgelehrten, hrsg., kommentiert und mit einem Nachwort von Michael F. Feldkamp, Berlin: Duncker & Humblot 2014.

日本語に翻訳されたコーイングの著作として，以下のものがある。

佐々木有司編『ヨーロッパ法史論』（創文社，1980）。
上山安敏監訳『ヨーロッパ法文化の流れ』（ミネルヴァ書房，1983）。
久保正幡＝村上淳一編『近代法への歩み』（東京大学出版会，1991）。
河上倫逸編『法史学者の課題』（未來社，2004）。

【訳者紹介】

松尾　弘（まつお　ひろし）

1962 年，長野県に生まれる。

慶應義塾大学，一橋大学大学院で学ぶ。横浜市立大学助教授，横浜国立大学大学院教授を経て，2003 年，慶應義塾大学教授。民法，開発法学を専攻。

主要な著作として，以下のものがある。

ジョゼフ・ラズ『法体系の概念——法体系論序説（解説追補版）』（訳，慶應義塾大学出版会，2011）。
『民法の体系——市民法の基礎（第 6 版）』（慶應義塾大学出版会，2016［近刊］）。
『ケースではじめる民法（第 2 版）』（共著，弘文堂，2011）。
『物権・担保物権法（第 2 版）』（共著，弘文堂，2008）。
『債権総論』（共著，法律文化社，2006）。
『新訂　民法と税法の接点——基本法から見直す租税実務』（共編著，ぎょうせい，2007）。
『良い統治と法の支配——開発法学の挑戦』（日本評論社，2009）。
『財産権の保障と損失補償の法理』（大成出版社，2011）。
『開発法学の基礎理論——良い統治のための法律学』（勁草書房，2012）。
『民法改正を読む——改正論から学ぶ民法』（慶應義塾大学出版会，2012）。
『基本事例から考える損失補償法』（大成出版社，2015）。

"Let the Rule of Law be Flexible to Attain Good Governance," in: Per Bergling, Jenny Ederlöf and Veronica L. Taylor (eds.), *Rule of Law Promotion: Global Perspectives, Local Applications*, Iustus, Uppsala, 2009, pp. 41-56.

"Access to Justice in Indochinese Countries," in Michèle and Henrik Schmiegelow (eds.), *Institutional Competition between Common Law and Civil Law*, Springer-Verlag, 2014, pp. 249-277.

法解釈学入門

2016 年 9 月 30 日　初版第 1 刷発行

著　者————ヘルムート・コーイング
訳　者————松尾　弘
発行者————古屋正博
発行所————慶應義塾大学出版会株式会社
　　　　　　〒 108-8346　東京都港区三田 2-19-30
　　　　　　ＴＥＬ〔編集部〕03-3451-0931
　　　　　　　　　〔営業部〕03-3451-3584〈ご注文〉
　　　　　　　　　〔　〃　〕03-3451-6926
　　　　　　ＦＡＸ〔営業部〕03-3451-3122
　　　　　　振替 00190-8-155497
　　　　　　http://www.keio-up.co.jp/
装　丁————渡辺澪子
印刷・製本——株式会社加藤文明社
カバー印刷——株式会社太平印刷社

　　　　　　©2016　Hiroshi Matsuo
　　　　　　Printed in Japan ISBN978-4-7664-2365-5